AF349210

La rebelión insuficiente

La rebelión insuficiente

La doctora Montserrat Ros i Plana en la actualidad.

Montserrat Ros

La rebelión insuficiente

La difícil relación madre-hija

PAIDÓS

Barcelona
Buenos Aires
México

© 2002 de todas las ediciones en castellano,
  Ediciones Paidós Ibérica, S.A.,
  Mariano Cubí, 92 - 08021 Barcelona
  y Editorial Paidós, SAICF,
  Defensa, 599 - Buenos Aires
  http://www.paidos.com

ISBN: 84-493-1331-7
Depósito legal: B. 45.318-2002

Impreso en Novagràfik, S.L.
Vivaldi, 5 - 08110 Montcada i Reixac (Barcelona)

Impreso en España - Printed in Spain

*A mi hijo Luis y a Catalina,
con mi amor más profundo*

Sumario

Agradecimientos

Quiero expresar mi gratitud de manera especial a mis colegas y amigas Rosa Montoliu, Nujad Dow, María Luisa Mateos y Alicia Calderón de la Barca, quienes de modo generoso aportaron sus críticas constructivas a medida que escribía nuevos capítulos.

Asimismo, Concha Folcrà y Eugenia Tusquets colaboraron desde distintos ángulos; la primera, gracias a su labor como traductora, posibilitó el acceso a un mayor número de textos, y la segunda, desde su sensibilidad de artista, advertía sobre la claridad o la confusión de diversos conceptos en algunas de las materias tratadas. También deseo hacer constar mi agradecimiento a Joan Salvador por sus acertadas críticas.

Durante el largo período en el que el libro se fue gestando, encontré en mis nietas María y Cristina y en mi nieto Luis mis mejores aliados y cómplices para escapar hacia espacios de divertimiento en medio de aquella tarea. A ellos les agradezco su inconsciente colaboración.

Barcelona, 31 de marzo de 2002

Introducción

Toda mujer que haya vivido inmersa en la cultura de Occidente ha experimentado, de manera directa e indirecta, los efectos de la ideología patriarcal. En mi consulta, como psicóloga clínica, en mis clases y en mi vida privada he tenido ocasión de escuchar a mujeres que expresaban, mediante sus pensamientos y sus sentimientos, cierto condicionamiento por el género al que pertenecían. Y, en ocasiones, ese sentimiento de pertenencia actuaba como elemento distorsionador.

Se trataba de un distorsión distinta de la que cabría esperar de las diferencias que nos hacen individuos únicos y que encajaría, más bien, en lo que se ha dado en llamar erróneamente «pensamiento femenino», fruto de un condicionamiento cultural que altera la realidad objetiva, que influye decisivamente en la vida de las mujeres y que cambia la propia concepción de lo que son las cosas en sí mismas. Ese mal llamado «pensamiento femenino», esa distorsión, ha evolucionado en las últimas décadas porque la mujer ha podido encarar la realidad desde planos objetivos sin tener que adaptarse a lo que la sociedad patriarcal esperaba de ellas.

Y si bien hoy en día todos aceptamos que la sociedad y la cultura son capaces de marcar, en ocasiones de manera determinante, el desarrollo de las personas, también se ha de tener en cuenta el papel que a este respecto desempeñan algunas madres o algunos padres, aunque a esa influencia no se le dé tanta importancia.

Como observadora y psicóloga, siempre me ha llamado la atención el particular tipo de relación que establecen entre sí las mujeres, muy distinta a la que establecen los hombres entre ellos. Siempre se ha creído que genes y hormonas bastaban para explicar casi todas estas diferencias, así como que la educación servía de elemento básico diferenciador entre los sexos.

Por supuesto, todos estos factores cuentan, pero personalmente quiero detenerme en la relación que se da, sobre todo, entre madre e hija, pues a mi entender tiene influencia en otros planos además del puramente individual y nos aclararía algunos de los condicionantes que la mujer ha sufrido a lo largo de la historia.

Si observamos a algunas mujeres que han destacado o destacan en el ámbito de la vida pública comprobaremos que en vez de valorar, promocionar o ayudar a otras mujeres, mantienen una escasa o nula relación con ellas. ¿Cómo es posible, por ejemplo, que una Primera ministra en una democracia occidental no nombre a otras mujeres como miembros de su gabinete? Cabría esperar que quien ha vivido dificultades en razón de su género nombrara, alcanzada cierta cota de poder, a otras personas tan válidas como las del otro género con las que, además, comparte muchas características.

Podrían citarse muchas razones para justificar ese «olvido», pero una de ellas resulta evidente: tal vez haya tenido problemas de relación y colaboración con las de su propio sexo; quizá no confía en ellas por el hecho de que son mujeres. ¿Dificultades, desconfianza, rechazo de la imagen femenina también?

Desde el enfoque psicológico, una postura como ésa me haría pensar en la clase de relaciones que mantuvo dicha mujer con su madre, sobre todo, y con su padre. Y entonces surgirían cuestiones como: ¿no se sintió comprendida por ella?, ¿rivalizó para ser mejor?, ¿se sintió anulada por su madre?

Claro que en la otra cara de la moneda encontraríamos a aquellas mujeres que buscarían y fortalecerían la relación y la complicidad, de modo especial, con otras mujeres. También en este caso estaría bien conocer qué tipo de relación establecieron con su madre.

Las caras de la Luna

He elegido la Luna como símbolo para representar y entender los ciclos amorosos que, de modo natural, se dan entre madres e hijas y entre hijas y madres, pues también la Luna mengua y crece como crecen y menguan madre e hija en su relación.

Cuando pedimos a una niña o a un niño que hagan el dibujo que les plazca, el primero que se les ocurra, en general pintan una casa, un paisaje, un árbol y un sol. Ellas y ellos reproducen la cotidianidad que aparece ante sus ojos a la luz del día; y cuando en estos dibujos aparece la Luna, cosa poco frecuente, pensamos que los intereses o los conflictos del niño o la niña se sitúan en aquellas cosas que suelen suceder durante la noche, que está más cerca de lo inconsciente.

En muchas culturas se ha asociado la Luna con la mujer, tal vez por los ciclos lunares, por la vida lunar... Y si bien enmarcamos nuestro tiempo en el calendario solar, no obstante se desarrolla bajo la influencia lunar. A la Luna la asociamos influjos misteriosos, por su constante presencia quizás, a la vez distante, fría y reservada, espléndida en su plenitud, casi oculta en la oscuridad cuando mengua. Resulta inquietante y, a la vez, una buena compañía, pues su luz se convierte en guía insustituible del reino de la noche, compañera inseparable de la ensoñación.

Muy pronto, poco a poco, la madre se convierte en el equivalente astral de la Luna llena tanto para la niña como para el niño, pues es quien todo lo ilumina, quien todo lo llena. Y viven pendientes de su voz, de su olor, de su tacto, de su risa, de su rostro. Niña y niño desean poseer en exclusiva esa luna.

Aunque la madre también suele tener otras lunas y otros soles a los que necesita mirar, hablar y amar.

Cuando la hija crece, empieza a desprenderse del influjo de la madre luna, a la que ya conoce un poco más. En ocasiones desearía fundirse con ella; en otras, alejarse para siempre para poder ser ella misma una luna. Porque la eclosión de la juventud en la hija supondrá el comienzo de un nuevo ciclo relacional; esa juventud en la Luna creciente obligará a la madre a mirarse en imágenes del pasado, del recuerdo, en momentos como los que vive ahora la hija, en los que entró a formar parte independiente del mundo adulto y despedía —a veces demasiado pronto— sus años de infancia.

La historia de la relación entre las dos lunas, luna-madre y luna-hija, nos permitirá acceder a la historia de las mujeres desde una perspectiva interior, con muchos componentes inconscientes. Con este símil deseaba describir, desde el punto de vista psicológico, los diferentes tipos de relaciones entre madres e hijas, e ir incluso más allá, es decir, procurar entender un poco la historia de las mujeres cuando giramos alrededor de la Luna y nos preguntamos quién es esa mujer en realidad.

Hace ya mucho tiempo que me pregunto por las causas que me impedían entender la singular historia de las mujeres. Y digo «singular» porque a las mujeres como grupo humano se nos atribuyen unas características, fruto de unos acontecimientos que se mezclan y confunden, cuyos orígenes son diversos y aun contradictorios. Ahí radicaría, a mi entender, el desconcierto intelectual que todavía hoy persiste en torno a la mujer; ahí y en la falta de respuestas objetivas, es decir, de respuestas que no han sido fundamentadas en lo científico ni son suficientemente convincentes.

La primera cuestión que me planteo, entonces, es la siguiente: ¿qué ha hecho nuestro género para «merecer» todo aquello que comúnmente entendemos como «propio» de la vida de las mujeres?

A lo largo de mi experiencia profesional he aprendido que es mucho más rentable no colocar y/o trasladar las causas de los problemas propios fuera de nosotros. Al menos al principio. Es más fácil juzgar que la culpa fue del otro, que la tiene otra persona. Este proceder se da con frecuencia y tiene un coste, que se paga a corto y largo plazo; es algo que se inscribe en la columna del «debe». Porque cuando evadimos nuestra responsabilidad en hechos vitales, en los que hemos participado activa o pasivamente, nos privamos del análisis y del conocimiento de aquellos aspectos que constituyen nuestra personalidad y que menos controlamos y conocemos. Sólo accederemos a ellos si asumimos, aunque sea de forma provisional, que tenemos alguna responsabilidad en la mayoría de los hechos que nos han ocurrido y nos ocurren.

Analizar y conocer, ésa es la razón de ser de estas páginas. La primera dificultad aparece cuando constatamos que cada uno de nosotros entiende a la mujer de un modo distinto, pues se trata de una construcción mental. Mi intención es mostrar que hay cuestiones que nos impiden conocernos y aceptarnos, tanto desde nuestro propio punto de vista como del de los hombres.

Desde hace unos cincuenta años han ido apareciendo centenares de libros, que abarcaban todos los enfoques posibles, en los que se repasaban acontecimientos históricos ligados a la mujer. Estos trabajos contribuyeron a proporcionar luz, a descubrir nuevos paisajes que hasta hace muy poco permanecían ocultos. Ciertamente, cada día sabemos más, y es así porque por fin las mujeres nos decidimos a asumir desde nosotras mismas nuestra historia. Porque desde la perspectiva de la historia «oficial», la escrita por y para los hombres, con demasiada frecuencia el pensamiento, la creación y el trabajo de las mujeres —salvo algunas excepciones— se habían evaporado.

Por supuesto, muchas causas explicarían ese olvido, aunque la razón que con más frecuencia se ha esgrimido es la falta de documentación. Nos encontramos así ante la nada, ante un vacío que, por supuesto, no es real: alguien, que sí ocupaba un lugar en la historia documentada, lo llenó. La creación femenina más allá de lo biológico, con algunas excepciones, es cierto, quedó en eso: nada. Era el resultado de una sistemática desvalorización de uno de los dos géneros humanos, de la mitad de la humanidad.

Puede que parezca contradictorio, pero a veces los resultados que se obtienen del estudio de las huellas, de los moldes sin su relleno, son más satisfactorios que aquellos que se obtienen de los objetos presentes. El molde es una reconstrucción en la que los límites de la realidad quedan bien definidos. Para hacer un buen molde es preciso seleccionar bien los materiales. Este método, tan familiar para los arqueólogos y las arqueólogas, se parece al que también utilizamos los psicólogos y las psicólogas en nuestro trabajo cotidiano e individual.

Para entender el presente hemos de tener siempre a mano nuestro pasado, tanto el más remoto como el más inmediato, y asimilar que ese presente contiene en cada minuto nuestro futuro. Por ello me he preguntado acerca de la ausencia de la mujer en la historia del hombre: ¿qué hicimos las mujeres para no tener un lugar en la historia?

La lucha por conseguir un lugar se inicia ya con el nacimiento. Con los niños lo vemos en la familia y en la escuela; con los adultos, en las relaciones amorosas, en la profesión y en el juego social. Y es así, en definitiva, porque el lugar que ocupamos es el reconocimiento de la propia existencia, algo que trasladado a lo más profundo del ser humano equivaldría a un logro de amor y a una confirmación de la propia valía; algo que también, en los primeros años de vida, está asociado a sentirse querido o querida.

Y dada esta ausencia global —aunque no particular— de reconocimiento hacia las mujeres cabría preguntarse si partimos ya desde nuestra infancia de un déficit de reconocimiento afectivo. Hemos construido una sociedad en la que todas aquellas cosas consideradas valiosas, necesarias, disponen de un lugar. Cada grupo humano lucha por conseguirlo, por tener voz propia. Pero no las mujeres, al menos durante siglos, pues no tuvimos voz ni lugar ni poder decisorio. No podemos negar que esta situación es realmente insólita; me recuerda incluso a aquellas novelas de serie negra en las que desde el principio se conocen los hechos, pero no así las causas que los desencadenaron.

Me he acostumbrado a oír a pacientes mujeres, de entre 40 y 50 años, que afirman: «...De hecho, nunca tuve claro qué es lo que quería ni qué lo que podía. Más o menos seguí los pasos de mi madre. Me casé, tuve hijos, los crié y ahora, con esta tarea ya hecha, es cuando me doy cuenta de que me faltaron y me faltan muchas cosas. Siento que necesito aquello que hace años no esperaba porque creía que no me correspondía tenerlo. Ahora veo cuán importantes eran aquellas carencias con las que me conformé».

No es difícil entender esta ausencia de un lugar definido en muchas de las mujeres que en la actualidad son madres y abuelas. Para ocuparlo, las mujeres debíamos tener derechos, y hemos vivido y vivimos en Estados que aún no los han reconocido o lo han hecho no hace demasiado. Claro está que las mujeres luchamos contra esas estructuras, contra unas instituciones que no nos representaban, y lo hicimos desde el ejercicio legítimo de nuestra libertad. Hemos conquistado legitimidad gracias al esfuerzo individual, sobre todo, pero también gracias al del grupo, y todo ese esfuerzo ha puesto de manifiesto los enormes recursos mentales y emocionales que cada mujer posee.

Desde la perspectiva «arqueológica» de la que antes hablaba, muchas de nosotras nos hemos preguntado qué hicimos las mujeres, como grupo, para hacer frente a esa situación de hecho. ¿Nos rebelamos? Las historiadoras nos responden que sí, que hubo rebeliones, pero todo apunta a que fueron insuficientes.

Ésta es una de las ideas que persigo desde hace años, *la rebelión insuficiente*, pues creo que en ella encontraré respuestas que ahora se me escapan. ¿Por qué aquellas mujeres que tuvieron la oportunidad de hacerlo —económica, intelectual y socialmente— se rebelaron tan poco? Y digo tan poco porque el problema que tenían —y aún tenemos— no era de índole personal, particular, que afectara a unas y a otras no. Era una problemática objetiva, que afectaba a todo el género femenino, que se hacía patente desde el nacimiento y que determinaba el tipo de vida que se debía seguir.

Cuando contemplo desde la perspectiva histórica al colectivo de las mujeres, la imagen que mejor me encaja es la de las ausencias: «Yo no sabía... Yo no me había enterado... Yo no podía... Sí, sabía, pero no sabía cómo... alcanzar, tener todo esto».

¿Es posible que las mujeres no fuéramos conscientes de esta larga cadena de ausencias, de carencias, sufridas a lo largo de la historia? Aseguraría que es imposible; aunque sólo fuera a través de la tradición oral, deberíamos reconocer las múltiples quejas, denuncias y sufrimientos que se nos han impuesto en razón de nuestro sexo. ¿Por qué aquellas que podían hacer algo tanto desde el punto de vista económico como del intelectual y el social se rebelaron tan poco? No era un problema particular, no afectaba a algunas mujeres y a otras no; nos enfrentábamos a un hecho objetivo que afectaba a la comunidad de mujeres, que ya se hacía patente en el nacimiento y que nos impedía elegir el tipo de vida que deseábamos.

Se ha escrito bastante sobre la solidaridad entre las mujeres; ni la niego ni la pongo en duda. Mis dudas surgen más bien cuando se plantea que este rasgo, esta cualidad, es una característica del género. ¿Qué porcentajes de generosidad encontramos entre las propias mujeres, entre las que sí podían experimentarla y ejercerla? Ciertamente, un porcentaje insuficiente. Y frente a esa actitud aparece la conducta heroica de pequeños grupos, aquellas mujeres que adoptaron una postura, que se movilizaron e hicieron posible lo que hoy se conoce como la revolución más importante del siglo XX.

Apliquemos esto a nuestra realidad más inmediata. ¿Por qué la mayoría de las mujeres no son feministas? Y no estoy pensando en ideologías cuando utilizo este término, ni tampoco en militancias. Pienso en la actitud, entendida como manifestación de una convicción íntima, que iza la bandera del respeto a la propia identidad y a todo lo que ello significa y que, al final, debería conducirnos a la solidaridad.

Pero tengo la sensación de que, en lugar de actitudes, la mayoría de las mujeres desarrollaron estrategias, encaminadas casi siempre a darle la vuelta a la situación para sobrevivir lo mejor posible.

En la actualidad ya hay pensadores que afirman que el feminismo ha muerto, porque ha dejado de ser global para pasar a ser una decisión individual. Argumentan que tan pronto lo que exige la doctrina tropieza con las necesidades biológicas o afectivas, las mujeres abandonan lo que ellos consideran adoctrinamiento.

Pienso que las mujeres nunca nos expresamos públicamente como grupo ni manifestamos nuestra simpatía o adhesión por aquellas propuestas renovadoras que nos ofrecían distintas minorías. La respuesta procedía de lo más profundo de nuestra individualidad. En cambio, sí creo que durante siglos vivimos inmersas en una singular cultura de creación femenina, algo que definiría como «el arte de sobrevivir lo mejor que puedas dentro del espacio que te dejan».

Pero ¿no teníamos o tenemos otras opciones más maduras, más comprometidas? Sí, seguramente, pues entre el heroísmo y la mal llamada «insolidaridad femenina» existen otros caminos. Si profundizáramos en este punto tal vez llegaríamos a la conclusión de que nos movemos en un sistema en el que se rechaza la vía difícil y se opta por la pragmática. Se trataría de evitar los riesgos, tal vez, para no perder más de lo que ya se ha perdido o lo que nunca se ha tenido.

Esta conducta conservadora se ha explicado siempre en función de la característica biológica por excelencia de la mujer: la maternidad; aunque personalmente prefiero asociarla al mecanismo psíquico que definimos como identificación con el poderoso, o con el agresor, y que popularmente se conoce como «síndrome de Estocolmo».

Claro que esto sería tanto como afirmar que la mayoría de las mujeres se identificaron con lo que pontificaba la sociedad patriarcal. ¿Asumieron como propias aquellas creencias acerca de lo que eran y lo que tenían que hacer? O, dicho de otro modo, ¿fuimos las mujeres quienes, en mayor o menor medida, hicimos posible el machismo? Me temo que sí.

También podríamos darle otras lecturas a esta conducta: ¿quizá las mujeres consideraban a los hombres tan narcisistas e incapaces de mantener un diálogo directo, sin prebendas sexistas, que prefirieron las vías indirectas? Y si fuera así, ¿significaría que aquellas mujeres, aun sin ser conscientes de ello, desvalorizaban al hombre como persona adulta?

Ya hago referencia a estas cuestiones en mi libro *Del monólogo al diálogo* (Barcelona, Ediciones del Bronce, 1996). Ante la afirmación de que la maternidad y la falta de cultura eran explicaciones suficientes para entender esa dejación en la defensa del propio lugar, y sin negar el peso de estos condicionantes, yo introducía el mecanismo psíquico de la identificación con el poderoso o con el agresor. En el momento de escribir estas páginas estoy convencida de que aún hay mucho más, un conjunto de elementos más profundos y menos visibles que los descritos hasta aquí. A medida que afloren seremos capaces de acercarnos al origen de esta problemática.

Más allá de la carga cultural, de los usos y las costumbres de la sociedad, hay una realidad primaria ineludible: la relación entre madre e hija. Me propongo mostrar en las páginas que siguen que esta relación es mucho más determinante de lo que hasta ahora se había creído.

Tal vez podremos conocer los cimientos del psiquismo femenino mediante el estudio de estos lazos afectivos. Tal vez consigamos entender cómo las mujeres se construyen psíquicamente y observar que lo hacen de modo distinto a los hombres. Tal vez lleguemos a la conclusión de que, objetivamente, la relación madre-hija es distinta a la que se establece entre madre e hijo.

Sabemos que a lo largo de la historia la relación entre las lunas —la madre luna llena y la hija luna incipiente, creciente— ha estado condicionada por la cultura, del mismo modo que los factores socioculturales han influido en el psiquismo humano. A continuación intentaremos conocer a la mujer que emerge de esas fuerzas, unas veces opuestas y otras complementarias.

Pero cuando me propuse centrarme en el mundo de las relaciones de ambas lunas, antes tuve que plantearme quién era en realidad esa luna. Aún hoy en día sufrimos un gran desconocimiento de lo que somos, de lo que es la mujer desprovista de todos los adornos y ropajes, no siempre favorecedores, que en el aspecto cultural hemos acumulado a lo largo de los siglos.

Acercarse a la mujer desde esta perspectiva será una tarea muy compleja, como complejos son los elementos que constituyen su esencia. Tal vez por esta razón haya tan poca literatura al respecto. Empezaré por hablar, en el capítulo que sigue, de la evolución de la luna-mujer en solitario, para más adelante centrarme en la relación materno-filial.

1

La mujer - las mujeres

Para empezar deberíamos desprendernos de las definiciones que muchos pensadores, artistas y poetas se han esforzado en elaborar sobre nosotras. Algunas por claramente desafortunadas y otras porque resultan tan idealizadas que cuesta identificarse con ellas.

De hecho, nos hemos movido en una corriente de ideologías —patriarcales y maternas— que podrían clasificarse como dictatoriales. Inmersa en esa corriente, la mujer se dejó llevar históricamente por un error que ahora adquiere gran trascendencia: el de creer que el colectivo femenino era ajeno a esa tendencia, es decir, que la mujer sólo desempeñó el papel de víctima forzada.

En esta problemática, y también en otras, suelen buscarse casi siempre las causas en hechos externos, para negar u omitir las causas internas, más determinantes; y es así porque resulta más cómodo echar las culpas fuera que buscarlas dentro. Esta tarea de introspección es más dura, difícil e inquietante, pues requiere el esfuerzo de pensar, pueden asaltarnos dudas sobre nuestra capacidad de diferenciar y, además, resulta más tranquilizador eludir la responsabilidad personal y convencernos de que el origen de nuestros problemas nos es ajeno.

El camino que voy a seguir no soslayará realidades comprometidas; pretendo precisamente bucear en ellas. Al bucear en realidades internas nos encontramos con varias «creencias» que conforman una doctrina elaborada a base de respuestas «concluyentes», consideradas indiscutibles, aunque al analizarlas con objetividad resultan ser cualquier cosa excepto concluyentes o indiscutibles. El concepto de mujer es una de ellas.

Sigmund Freud, a quien debemos la metodología para investigar acerca del psiquismo humano, en un determinado momento de su vida se preguntó: ¿Qué quiere la mujer?, ¿qué desea?».

Durante demasiados siglos hemos aceptado sin rechistar la falsa creencia de que «mujer» era sinónimo de «madre». Esta creencia, que con viso de afirmación concluyente alcanzó categoría de realidad, es la responsable del extremo reduccionismo y empobrecimiento al que nos vimos sumidas las mujeres. Ocurría —y todavía ocurre— que las mujeres no éramos reconocidas como personas. Llegamos a creer en ello, a aferrarnos a esa idea, pues nuestro espacio personal estaba formado por tantas carencias que lo limitamos a la esfera biológica.

¿Por qué aceptamos las mujeres este estado de cosas? Tal vez porque era algo que ya nadie nos podía arrebatar. De este modo, al menos, disponíamos de un espacio propio, ocupado por la capacidad de tener un hijo o una hija. Y sólo en esa esfera parecía factible disponer de identidad.

Ciertamente resulta angustiante pensar que la identidad de una persona dependía de su biología, que el sentimiento de ser alguien estaba en función de la presencia o la ausencia del potencial de fertilidad. Por eso la esterilidad adquiría tintes tan dramáticos.

Pero bajo el sustrato de la madre siempre hay una mujer; en resumidas cuentas, también un hombre puede ser maternal sin dejar de serlo. La diferencia entre una y otra, entre madre y mujer, residiría entonces en que a la primera se le adjudica el hijo o la hija, es decir, se asocia con ella el concepto «tener», mientras que a la mujer sin esa función materna sólo se le permite la posibilidad de tener: igual que el hombre, tal vez tenga, tal vez no. Y esa opción sólo es posible entenderla si partimos de la base de que al nacer todos surgimos de un vacío simbólico, que llenamos a lo largo de nuestro camino con un bagaje fruto de nuestras capacidades, las que se supone que están al alcance de todo integrante de la especie humana.

Del mismo modo que ser hombre no era ni es sinónimo de ser padre, evidentemente visualizarse mujer no equivalía a sentirse madre. La cuestión es que hasta ahora esta capacidad biológica de ser madre o padre se ha entendido de forma muy desigual, y esta diferenciación basada en la capacidad biológica de engendrar ha servido de excusa para discriminar a la mujer.

El concepto o la esencia «hombre» expresa, de modo realista y vital, la idea que tenemos de los potenciales, de todo aquello que al nacer está en punto cero. Desarrollar o llenar ese punto cero está implícito en la esencia masculina, en su razón de ser. La paternidad sería entonces un logro, uno de los más vitales, pero no siempre el más importante ni el único y, curiosamente, ésta es una de las pocas ocasiones en las que el hombre depende por completo de la mujer. Ella es quien sabe si su hijo es de ése o de aquel otro hombre, o como decía Campoamor: «Los hijos de mis hijas nietos míos son; los de mis hijos, lo son o no lo son...».

Tal vez entenderíamos por qué en el pasado la mujer se encerró casi exclusivamente en este ámbito si considerásemos que la maternidad es un lugar de poder, desde el cual, en ocasiones, manipularon no sólo su propia vida, sino también la historia.

Cuesta comprender el dominio masculino si no se tiene en cuenta la respuesta femenina a esa dominación. Las mujeres, que apenas conservaban ámbito de decisión mediatizadas como estaban por los hombres, encontraron en la maternidad un lugar desde el que ejercer cierto dominio, de manera especial sobre los hijos.

Una constante en la historia de la humanidad, que pone de manifiesto las grandes fragilidades humanas, es la lucha por ostentar el poder. Esa ansia no tendría sentido de no existir la vivencia de inseguridad y el temor a sufrir heridas narcisistas.

Las mujeres han tenido que reducir su esencia o su razón de ser a la maternidad; en muchos países aún es así. La vinculación de la madre con la hija no sólo era y es expresión afectiva, con todos los altibajos imaginables, sino que además marcaba un destino. La madre transmite a la hija —y no necesariamente con palabras— que no hay nada de terrible en no formar parte del mundo productivo ni en no alcanzar cuota alguna de poder, pues por su biología ella tiene algo que jamás nadie le quitará: el hijo. Es posible que esa supuesta posesión consolara a la hija y que ahí residiera una de las causas de la *pasividad* endémica que han mostrado las mujeres a lo largo de los siglos.

Esta forma de pensar estaba tan interiorizada que, de otro modo, no entenderíamos cómo, hasta hace bien poco, la mayoría de las mujeres consideraba que asumir el punto cero, aquel que incluye todos los potenciales humanos, equivalía a destapar la caja de los truenos.

Siempre se ha descrito a la madre como necesaria para el bebé porque ella es su primer objeto de amor y de deseo. Es quien lo conforta y lo ampara, pero también quien lo frustra y le pone límites. Pero en pocas ocasiones se considera que la madre es un ser con intereses propios, con deseos y necesidades más allá del ámbito del hijo o de la hija.

La verdad es que la madre, como concepto, se convierte en una figura totalmente asexual cuya finalidad es servir y cuidar de su descendencia. No tiene libertad para hacer lo que quiere, no es el sujeto de su propio deseo; y sin un deseo propio, por lógica ha de vivir a través del deseo del hombre. Así, la mujer estaría condenada a envidiar al hombre, pues se supone que él sí ejerce su deseo. Por fortuna, se ha impuesto una realidad, negada durante siglos, que muestra que la mujer es otra persona, además de aquella que cuida, gratifica y/o frustra al hijo o a la hija. Igual que el hombre, la mujer es algo que se debe construir más allá de lo que está biológicamente determinado.

Idealización de la maternidad

Tal vez haya sido la idealización de la maternidad, y no la maternidad en sí misma, lo que capturó a las mujeres y sirvió de anzuelo para mantener dividida a la humanidad por razón de género. No en vano Freud la identificaba como la tercera vía —de las otras dos hablaremos más adelante— que se le abría a la mujer, la opción más natural, según él.

Pero detrás de esa idea sublimada se esconde un sinfín de problemas; por ejemplo, nunca se habla de los sentimientos no idílicos que la madre experimenta hacia el hijo o la hija: extrañeza, desconcierto, rechazo, depresión, etc., y todos ellos, en una u otra medida, están casi siempre presentes en la maternidad. Como ocurre, por otra parte, con cualquier clase de ideal, pues tras él siempre es posible encontrar algún rechazo.

Pensemos en los ideales: sabemos que son necesarios para llenar vacíos y colmar estados de frustración. Hay muchas circunstancias que inducirían a buscarlos y afectarían, yo diría que casi por igual, a ambos sexos, aunque las motivaciones sean distintas. Entre ellas destacaría sin duda la sexualidad, pues suele producir inquietud y distintas categorías de ansiedad, algunas específicas de cada sexo, mientras que otras son propias de cada uno de ellos.

En muchas mujeres existía una especie de prohibición para experimentar placer sexual, que se manifestaría como una especie de «silencio del cuerpo». ¿Cuáles eran las causas? Unas eran culturales, por supuesto, mientras que otras eran y son fruto de una elaboración personal. Suelen tener un origen emocional, pues no hay que olvidar que aún hoy en día hay mujeres que aceptan la relación sexual sólo si es para procrear.

La idealización de lo materno ayudaba, además, a mantener asexuada la imagen femenina: todas las energías, los intereses y las ilusiones se depositaban en la maternidad. A pesar de que este acontecimiento era fruto de una relación, no se equiparaba a la actividad sexual.

Quizá por ello apareció la creencia, más extendida de lo que suponemos, de que las buenas madres solían ser mujeres frígidas. De este síntoma, la frigidez, hablaremos en profundidad cuando abordemos la anatomía y sus significados emocionales.

He observado durante años la evolución de la sexualidad en mis pacientes mujeres y he comprobado que de expresiones del tipo «Eso tan desagradable...» se ha pasado a «Estoy muy preocupada porque no tengo orgasmos...». Resulta evidente que refugiarse en la maternidad sirvió también como cortina de humo para enmascarar diferentes categorías de problemas en la sexualidad femenina, así como en la masculina, que sólo cito de paso.

Cuando hablan de su experiencia como madres, muchas mujeres expresan que el embarazo y la crianza fueron períodos en los que vivieron una clara disminución del deseo sexual, que por lo general concuerda con datos científicos. Si a ello añadimos otros factores de tipo físico y una pérdida de la intimidad con la pareja, tuvieron que enfrentarse a una situación nueva en la que el hijo o la hija absorbían interés, atención y amor. Hay que tener en cuenta, además, que las mujeres dedicaban los mejores años de su vida a tener hijos, con lo que su vida sexual quedaba reducida a mínimos o era inexistente.

Ciertamente al hombre le interesaba considerar a la mujer madre como un ser asexuado, pues de este modo se aseguraba en mayor medida su propiedad. Si la mujer no era objeto de deseo, el riesgo de que se independizara y eligiera a otra persona disminuía sensiblemente. Mientras que el deseo asociado al hombre era lícito, a la mujer, en cambio, se le exigía fidelidad, exigencia que encajaba a la perfección con el sentimiento de propiedad.

Con todo, y sin olvidar el factor ideológico, pienso que de no existir también en la mujer el deseo de pertenencia, poco éxito habría tenido el hombre en sus pretensiones.

La historia nos muestra que tanto él como ella deseaban el dominio, y que ella aprovechó el espacio que le proporcionaba el hecho de ser objeto de deseo de él para ejercer su poder. Y lo hacía de un modo, con unas maneras, que se confundían y mezclaban con lo que hoy se entendería como masoquismo, tema del que hablaré en extenso en el capítulo 5.

Una característica del ser humano, por mera cuestión de supervivencia, es la necesidad de ejercer dominio sobre el entorno. Y un esbozo de dominio es la actitud tan tierna, esa exigencia de poseer, que muestran el niño y la niña hacia la madre o hacia quien ocupe su lugar. Sea cual sea su origen, ese dominio crece en la medida en que el otro se deja desposeer de sus caracteres y sus necesidades. Cuando la mujer aceptaba el dominio completo del hijo o la hija, y aun del hombre, quedaba desposeída de partes esenciales de sí misma.

¿Escribiría Federico García Lorca la misma *Yerma* en la actualidad? Ciertamente no hace tanto tiempo que las mujeres reclamamos nuestro derecho a disfrutar de una sexualidad propia y satisfactoria, a no asumir en solitario, cuando se vive en pareja, la fertilidad o la esterilidad, así como la responsabilidad en la crianza del hijo o la hija.

Cuando nacen, el niño o la niña sólo conocen a la madre, no a la mujer que ha sido y aún es. Por supuesto, en esa imagen de la madre no tiene cabida la sexualidad, algo que resultaría comprensible al menos hasta cierta edad.

He conocido a mujeres que, tras divorciarse, manifestaban su deseo de empezar una nueva vida afectiva; sin duda tenían derecho a ello, tenían la obligación consigo mismas de cuidar y atender sus necesidades emocionales. Lo curioso es que si la pareja tenía hijos, la respuesta a esa necesidad por parte de ellos difería, en el sentido de que en el caso de la mujer las críticas y los inconvenientes eran mucho mayores que en el del hombre.

Hoy en día expresiones como «Mamá, tú también tienes derecho a tener tu vida, como papá» ya son hasta cierto punto frecuentes, sobre todo en el caso de hijos que tienen su propia vida emocional. La cuestión es que la verdadera normalidad, sin discriminaciones, se dará cuando la citada frase se la dirijan también al padre.

Pasado y presente

Desde el comienzo del siglo XX, psicólogos y pensadores damos vueltas en torno a lo que se entiende por «ser hombre» y «ser mujer». En términos de la psicología profunda, la incorporación del inconsciente, que atesora las vivencias humanas acumuladas a lo largo de los siglos, permitió que se abrieran una serie de ventanas que nos mostraron rincones del individuo hasta entonces inexplorados; aunque en forma de mitos, en el folclore y el arte, la dramaturgia clásica ya se hacía eco de algunos de ellos.

Como es sabido, esos avances se deben a Sigmund Freud, quien, por primera vez, de un modo científico, abordaba la sexualidad en el ámbito de la pareja. Sus investigaciones ponían al descubierto que ni los hombres ni las mujeres éramos tan buenos, tan puros y tan santos como necesitábamos creer. La sociedad no estaba dispuesta a reconocer que a los seres humanos nos mueven fuerzas que en principio no dirigimos ni controlamos, la sexualidad entre ellas.

Ha transcurrido un siglo y nuestra sociedad se parece muy poco a aquélla, aunque hombres y mujeres guardamos en lo fundamental un gran parecido con los de aquel tiempo. Gracias a Freud, las mujeres, y también los hombres, empezamos a tomar conciencia de lo que ocurría en lo profundo de nuestras mentes, en nuestras fantasías, respecto a la compleja relación entre la anatomía y los sentimientos... si bien aquél era el primer peldaño.

A Freud le debemos el conocimiento de las tres vías o los tres modos en que las mujeres canalizamos nuestra sexualidad. Siguen siendo válidas, en lo profundo sobre todo, aunque no en el significado que él les atribuyó en la conducta y en la incorporación social.

Describió un panorama bastante negro. Opinaba que la niña, ante la vida, sólo tenía tres salidas. La primera era renunciar a su sexualidad, lo que suponía una altísima represión sexual y afectiva, mucho más allá de lo deseable. La segunda, dado que la mujer carecía del órgano sexual del hombre y todo lo que ello significaba, consistía en la búsqueda de ese algo que le faltaba, con las funestas consecuencias que comportaba apartarse de la vía natural. Y en la tercera, la mujer aceptaba su auténtica función: la maternidad.

La primera vía en versión clásica

La psicología profunda se preguntaba qué le ocurría a la mujer cuando la pareja que elegía no era un hombre de carne y hueso. Se refería a aquellas mujeres que organizan su vida basándose en una realización de ideales cuyos fines excluyen explícitamente la sexualidad, es decir, se basan en los votos de castidad o en una convivencia sólo afectiva.

En general, la decisión de seguir este camino tiene que ver con la historia personal de cada mujer. La niña, igual que el niño, se construye como persona mediante la vinculación afectiva que desde su nacimiento establece con la pareja que le sirve de modelo; esto es así aunque los padres reales no estén presentes. La cuestión que se plantea entonces es la siguiente: ¿qué ha ocurrido para que la pareja de la mujer no sea un hombre de carne y hueso, como sucede en los casamientos religiosos o ideológicos? Todo indica que algo sucedió con la primera imagen que se tuvo de ese padre y de la relación de él con la madre.

He conocido a mujeres que ya en la adolescencia decidieron entregarse a unos ideales, a unos determinados objetivos —artísticos, intelectuales, incluso deportivos— o a un dios, a una religión, decisión que mantuvieron cuando llegaron a la edad adulta. Años después mantenían ese mismo compromiso, aunque explicaban que seguían en esa vía porque la labor que realizaban las compensaba; de hecho, si tuvieran la oportunidad de volver a la juventud seguramente su opción sería otra, pues se daban cuenta de que ese enamoramiento idealizado encubría dificultades personales.

Entre estas dificultades destacaría la circunstancia de un padre que resultaba demasiado lejano emocionalmente de la joven, ya fuera porque mostraba escaso interés por la hija, ya porque le resultaba difícil expresar sus sentimientos. También, en la orilla opuesta, nos encontramos con el padre que se acercaba demasiado a la hija, de modo que la niña o la joven tuvo que defenderse de tanta cercanía emocional con una distancia asimismo exagerada. En algunos casos, el padre defraudó, como defraudaba la madre, porque ambos eran incapaces de proporcionar el cariño que la niña necesitaba. Pudo suceder incluso que la frustración surgiera de la inadecuación del padre como pareja de la madre, o de su ausencia cuando la niña lo necesitaba...

Habrá más causas, no cabe duda, pero lo que no podemos negar es que alguna diferencia debe de haber entre las mujeres que de modo expreso renuncian a vivir la sexualidad y las que no lo hacen. Lo que sí parece claro es que la imagen del padre no es el condicionante absoluto de la sexualidad femenina, pues en general falla también el modelo de pareja.

La pareja madre-padre proporciona en todos los casos la materia prima que permite integrar con cierta armonía en la mente de la niña o del niño la relación existente entre los dos sexos.

¿Cómo se supone que tendría que haber «sentido» la niña la pareja parental para desarrollar e integrar su sexualidad? La respuesta sería: pensar y sentir que los padres no son una pareja dividida o deserotizada o mutuamente destructora.

Tomada ya la decisión de renunciar a la propia sexualidad por consagrarse a un ideal, resulta inevitable preguntarse adónde va a parar esa energía, toda esa libido que no se canaliza por los cauces naturales. ¿Es posible que se acumule y se desplace hacia una imagen ideal del padre o hacia una imagen ideal de la madre? Sea como sea, el género humano se las ha ingeniado para canalizar esa energía hacia intereses en los que el intercambio sexual no está implícito. Con todo, la sexualidad sigue presente.

La idealización es una posible salida para este tipo de conflictos, sobre todo cuando se dan algunas de las circunstancias que acabo de citar. Las religiosas, por ejemplo, mujeres que han elegido a un marido ideal, que no abandona ni exige, pero que tampoco posee ni defrauda. En estos casos y otros similares suele ser necesario un mecanismo de sublimación.

En la sublimación, toda la carga emocional que en su inicio debía dirigirse hacia una persona —primero, al padre; luego, al hombre— se desvía o se sustituye por un ideal, aquel que en la escala de valores de cada persona ocupa un lugar preeminente.

La satisfacción personal que ese desplazamiento o desviación de las metas originales genera en aquellas personas que así lo eligen justifica esa conducta y esas renuncias. Pero ¿llegan a buen puerto todos los intentos de sublimación? Obviamente, no. Sólo si se dispone de los recursos personales necesarios para seguir ese camino y mantenerse en él se puede hablar de sublimación exitosa.

Las religiosas son un ejemplo clásico de la primera vía freudiana, aunque cada día son menos numerosas en nuestra sociedad. ¿Significa esto que los mecanismos psíquicos que sostienen esa opción también han pasado de moda? Yo no lo explicaría en estos términos.

En cada cultura los grupos humanos se las ingenian para acceder a aquello que desean y necesitan. No importa que la sociedad cambie constantemente y que esos cambios sean profundos, porque seguimos viendo en las personas conflictos muy parecidos a los de antaño.

Hace tiempo, los conflictos que se manifestaban en este ámbito estaban ligados a la represión. Y cuando hablo de represión no sólo me refiero al concepto que de ella tenemos a nivel consciente, sino, en especial, al del nivel inconsciente, al de aquella represión cuyos mecanismos desconocemos.

Tal vez la mujer, tras siglos de vivir bajo una gran represión, pensó que el mejor camino hacia su merecida libertad sería desprenderse de toda prohibición sexual.

¿Sería ilógico pensar que la problemática anterior, que se resolvía mediante la renuncia a la sexualidad, según las palabras de Freud, ahora se canaliza hacia la orilla opuesta, hacia unos comportamientos sexuales en los que, al fin y al cabo, se pretende eludir o evitar la auténtica vivencia de la sexualidad? Porque ésa sería, en resumidas cuentas, la meta que hay que alcanzar. ¿De qué modo se organizan hoy estos sistemas o lugares opuestos a los de antaño?

La primera vía en versión moderna: la promiscuidad

Es posible que la represión y la promiscuidad parezcan actitudes opuestas, al menos en lo externo, pero no cabe duda de que comparten la nula «vivencia» de la sexualidad en el sentido profundo del término.

Se repiten en ambos casos, a pesar de ser polos opuestos, los mismos problemas de base, con la diferencia de que en la promiscuidad el mecanismo de sublimación no existe. Contemplada la situación desde fuera, el promiscuo es el opuesto a aquel que no se permite el contacto sexual; pero, en el fondo, estamos hablando de problemáticas semejantes, pues tanto en un caso como en el otro la dificultad, cuando no la imposibilidad, reside en poder asumir y vivir la sexualidad de manera diferenciada y personalizada.

En la promiscuidad el sexo no se interioriza ni se personaliza. No importa quién sea el *partenaire* y sí es importante el contacto físico; ahí está la diferencia profunda con la represión total.

En los casos de mujeres adolescentes que he conocido, el motivo de la consulta eran problemas afectivos y relacionales, como casi siempre ocurre, pues nuestro mundo afectivo, nuestra vida sentimental, es testigo del grado de satisfacción que experimentamos.

Traté a una adolescente de 18 años que no recordaba el número de jóvenes con los que se había acostado, sencillamente porque no consideraba ese dato significativo ni era la causa de su petición de ayuda. No era consciente de lo que aquello representaba y costó bastante que comprendiera que la promiscuidad era como el vértice de la pirámide que coronaba sus conflictos de base.

Sus relaciones eran impersonales e indiferenciadas, hasta el extremo de que no recordaba los nombres ni las caras de los hombres con los que había hecho el amor. Sin embargo, a través de ellas pudimos entender cómo era su patrón relacional. De algún modo seguía un modelo a través del cual se sentía conectada con su madre, con su padre y con las personas más significativas de su vida, y aquello indicaba hasta qué punto necesitaba el contacto físico, experimentar calor humano y cercanía, dada su exagerada vivencia de soledad emocional. Esa vivencia existía, y ella trataba de paliarla con aquel modelo: la conducta promiscua.

Pudo entender que mediante aquel comportamiento no solucionaría sus carencias y sus dificultades. La promiscuidad era un síntoma, como lo es la fiebre, que indica que algo no funciona bien en nuestro organismo. Del mismo modo, los síntomas afectivos son indicadores de trastornos primarios, que están estrechamente relacionados con las primeras experiencias afectivas.

Pueden llegar a recorrer la primera vía —tanto según la formulación freudiana como en su versión moderna—, de modo indistinto, hombres y mujeres. En la actualidad se ha pasado de la represión o la ausencia de sexo a lo opuesto, a la negación de cualquier tipo de precaución o de sentimiento negativo en relación con lo sexual, pero la negación o la ausencia nunca resuelven problemas. Vale la pena que nos detengamos un poco en este camino en el que la mujer se libera, como hace el hombre, de tanta represión ideológica y social.

En el pasado, el donjuanismo masculino era el equivalente a esa cara opuesta de la primera vía. En la actualidad, la promiscuidad femenina se ha situado en valores semejantes.

Pero elegir la misma vía que el hombre en terrenos privados e íntimos no proporciona ni satisfacción ni bienestar a la mujer. Sería como si, de alguna manera, bailara al son que él toca, aunque también es cierto que eso le ha servido en un primer momento para romper siglos y siglos de armaduras y cinturones de castidad. Estoy convencida de que ahora mismo muchas mujeres son conscientes de ello. Madurar supone una movilización interna que lleva a asumir las dificultades. Tanto porque estoy convencida de ello como por todo lo que he conocido en mi profesión, he llegado a la conclusión de que la mecanización de la vida sexual no puede equilibrar los déficit afectivos que las mujeres arrastramos desde hace muchos siglos.

En la llamada «segunda vía»

«¿Y quién te va a mantener, hija mía?»

Cuando la hija manifestaba unas ideas que no encajaban con las que la sociedad imponía a las mujeres, ésta era la frase que tanto padre como madre —con más ahínco ella— dirigían a la joven. Con ella se expresaba el miedo y la inquietud de las madres ante la perspectiva de ver soltera a su hija. Esta postura, la de no casarse ni aceptar el rol establecido, se acepta y se entiende ahora, pero no hace tanto tiempo se consideraba como un grave riesgo de sufrir una carencia importante. El calificativo «soltera» era en sí mismo un demérito que, además, solía acompañarse con la expresión «de profesión, sus labores».

Estoy de acuerdo con Freud cuando afirma que la historia de la mujer es una historia de carencias, pero no puedo estarlo en el tipo de carencia que él nos atribuía.

Freud decía que a la mujer siempre le faltará *algo*... y no es necesario decir qué nos falta. La búsqueda de ese algo es lo que da origen a la segunda vía; según él, la mujer que se instalaba en ella por fuerza saldría mal parada, pues carece de lo que el hombre tiene y, dado que él es el arquetipo de lo humano, habría que concluir que la mujer, en sí, era un ser incompleto.

Para mí esa vía fue, sin duda, una invitación intelectual a descubrir las posibilidades del ser femenino, pues ofrecía la posibilidad de desarrollar un potencial reservado hasta entonces a los hombres. Ante este postulado, las mujeres comprenden que pueden manifestarse por sí mismas como personas obedientes y resignadas o asumir las consecuencias de aquel salto, aun a riesgo de convertirse en subversoras sociales.

¿Qué suponía para las mujeres la elección de esta segunda vía? Manifestar públicamente que no estaban conformes con el destino anatómico y el biológico que les imponía la sociedad patriarcal. Aquellas mujeres, pioneras, adelantadas a su tiempo, despertaban mucha inquietud en sus madres y en sus padres. De modo especial en ellas, pues comprobaban que no seguían sus pasos, que no recogían el «testigo» en la carrera de relevos de la feminidad tal como se entendía entonces.

La gran mayoría de madres defendían y apoyaban a sus hijas si seguían sus creencias acerca de lo que tenía que ser y hacer una mujer. Ese apoyo y esa defensa tenía un gran peso en la mente de la hija a la hora de tomar decisiones. Recuperaré este punto cuando hablemos de algunas relaciones entre las lunas.

Las mujeres de la llamada «segunda vía» están presentes en todas las culturas, tanto en las del mundo occidental como en otras.

Para evitar caer en tremendismos, recordemos que no todas las escuelas aceptaron el lugar que Freud adjudicaba a la mujer. Los culturalistas pensaban que el hombre y la mujer nacían ya hechos y que la sociedad, con sus mensajes, torcía y cambiaba la auténtica naturaleza de hombres y mujeres.

Esta concepción, que no dudo en calificar como más actual puesto que da una visión más optimista de la mujer, no tuvo el desarrollo ni la implantación que alcanzó el pensamiento de Freud, más pesimista. Él creía que en lugar de nacer nos «hacemos» hombre y mujer en función de nuestros propios instintos, y no de aquello que la propia cultura hace con nosotros. A pesar de tener fundadas razones para pensar así, en lo que respecta a la percepción de la mujer se equivocó en cosas fundamentales.

A la vista de la evolución histórica, pienso que los últimos cincuenta años han sido testigos de pruebas irrefutables de optimismo; así pensará quien crea que la humanidad evoluciona y que la mujer avanza, aunque a veces sólo sea centímetro a centímetro.

En la actualidad la mayoría de la población femenina está instalada de lleno en la segunda vía, no como la entendía Freud, sino como el camino a través del cual cada mujer expresa y desarrolla libremente todo aquello que posee.

En el título y en las primeras páginas de este libro planteo la cuestión de la *rebelión insuficiente*. ¿Por qué durante tantos años fueron tan pocas las mujeres que eligieron tomar la segunda vía?

Para dar con una respuesta a esta pregunta tendremos que sumergirnos en lo que acontece en las relaciones madre-hija. El modelo materno que se transmitía no legitimaba ni apoyaba una elección distinta de lo que la madre representaba: la maternidad. En la actualidad vemos que ahí no está la clave. El problema reside en que se excluían las vías que no tenían la maternidad como fin. Veremos ahora algunas de las razones por las que las relaciones primeras con la madre condicionaban también esta situación.

La ardua travesía para instalarse en la segunda vía

Para adaptarse a lo que pide la cultura, es decir, a ese «otro» social, casi siempre es preciso renunciar a porciones de libertad personal. De algún modo, de forma inevitable, todos lo hacemos para integrarnos en la sociedad a la que pertenecemos.

A la mujer se le presentaba este dilema —y aún se le presenta— cuando vivía en una cultura reductora, esto es, en una sociedad que niega y cercena una serie de potenciales que obviamente la mujer posee.

La elección ponía en juego la libertad interior y la adaptación a lo que la cultura indicaba. Coherencia individual *versus* adaptación social, entendida la individualidad como exponente de lo que una mujer piensa, siente y necesita para realizarse.

Todo ha transcurrido muy rápido en los últimos cien años, hemos asistido a tantos cambios esenciales que muchos de ellos nos han sobrepasado emocional e intelectualmente. Lo comprobamos cuando sacamos a la luz algunas de las controversias de entonces y, al contemplarlas con la perspectiva histórica que hoy tenemos, las juzgamos increíbles. Al fin y al cabo, las mujeres vivimos como Freud decía que no podíamos vivir, y no somos fálicas.

Es como si necesitáramos más tiempo del que la realidad práctica nos ofrece para transformar los cambios en convencimientos interiores. Lograr que esos cambios ideológicos se asienten en nuestras mentes con mayor rapidez sigue siendo un reto.

No hace tanto tiempo que un genio de las características de Freud planteaba, en teoría, que si las mujeres queríamos ser femeninas debíamos renunciar al desarrollo de nuestra capacidad intelectual, de la creatividad no biológica. Así pues, entendía la maternidad como sinónimo de feminidad. Quizás ahí esté la clave de toda la historia.

Pero no creo que las mujeres rechacemos la esencia del género al que pertenecemos. La cuestión consiste en esclarecer qué se entendía y qué se entiende por feminidad.

Se han escrito cientos de libros sobre la maternidad, sobre qué representa este acontecimiento para la mujer y su vida. También se ha dicho, desde la perspectiva histórica, sociológica y psicológica, que el hecho de tener un hijo —algo que produce la mujer— era algo compensador. Pero en aquellas luchas por las diferencias entre los sexos, ¿qué significado se le daba a esa compensación? Porque si la mujer estaba tan privada de lo fundamental, y no sólo por su anatomía, sino también por su capacidad mental, pienso entonces que la maternidad era una compensación única y absoluta frente a los numerosos agravios que la naturaleza supuestamente le causaba.

Las diferencias, en este caso entre hombre y mujer, siempre hacen que afloren sentimientos muy primarios, como la envidia y los celos. Las diferencias anatómicas también despiertan pronto la envidia, esa emoción primitiva presente en todos los seres humanos. Quizá la rechazamos porque es irracional y un elemento destructor: poca gente resiste que se le llame envidioso, envidiosa. Los celos, en cambio, se aceptan mejor, pues se considera más legítimo luchar por lo que se quiere que dedicarse a arruinar lo que tiene el otro. Lo que no tolera el envidioso o la envidiosa es que el otro tenga, no importa lo que sea. Así, no es de extrañar que una sociedad con una división por géneros tan injusta fuera caldo de cultivo y promoviera por ambas partes estas emociones primarias.

Tampoco podemos negar la existencia de la envidia en la niña o en el niño, envidia de lo diferente y también de la propia madre. Pero ¿qué ocurre con la envidia que la madre sintió, a su vez, de su madre y que ahora, quién sabe, quizá recaiga en su hija? Este sentimiento, que en la mayoría de los casos resulta intolerable, se diluye y se niega, lo cual no evita que siga haciendo su labor a niveles subterráneos.

Supongo que es aceptable afirmar que las diferencias entre los dos sexos no tienen por qué generar desesperación ni rechazo. Más bien al contrario, pueden resultar tremendamente atractivas. Lo que generaba problemas era el sistema de valorización utilizado, pues se polarizaban las diferencias a partir de juicios de valor, y eso engendró rencores. En cambio, asumir la diferencia supone un grado de maduración en el desarrollo por el que tanto la niña como el niño deben pasar, estadio que lleva implícito el reconocimiento del otro y el de una pérdida. Cuando nos reconocemos como pertenecientes a un género, constatamos que no podemos pertenecer al otro; en este sentido, la negación de toda pérdida sería la bisexualidad.

Gracias a esta revisión del pasado para entender nuestro presente descubrimos que durante siglos los científicos se enquistaron en las diferencias anatómico-biológicas en lugar de pensar en las emocionales. Pero más importante que los órganos físicos de cada ser humano sería el sentimiento que surge cuando nos enfrentamos a las diferencias; de este modo damos un salto a un plano y a un universo menos definido y limitado en el que aparecen nuevos elementos: el sufrimiento y el dolor mental, que nos permiten entender los significados que nuestra mente adjudica a los órganos físicos. Costará entender que nuestra actividad, nuestra vida sexual, transcurre en función de los significados emocionales que adjudicamos mentalmente a cada género, pero así lo corrobora la experiencia.

Con el paso del tiempo —un lapso corto— la segunda vía se ha despojado de los significados patológicos y las mujeres nos hemos implicado en la vida compaginando la segunda y la tercera de estas vías; esta última, la maternidad, se ha convertido en una opción personal y ha adquirido una dimensión que va más allá del antiguo y reductor significado biológico.

La cadena transmisora madre-hija exigía cambios. Una de las dos lunas tenía que romper el mensaje que, al fin y al cabo, era —y es— resultado de una vivencia individual. Conocidas quejas del tipo «A las mujeres nos toca aguantar y sufrir...» solían responder a vivencias personales que, al generalizarlas, adquirían la categoría de «verdad». Romper la cadena suponía un enfrentamiento por parte de la hija o, a veces, de la madre; llegados a este punto, la calidad humana y la madurez personal de la madre eran decisivas: si era capaz de olvidarse de sí misma y de animar activamente a la hija para que diera ese salto, al menos la luna creciente no experimentaría ansiedades de orfandad.

Las mujeres sentían, y muchas además sabían, que la maternidad era la causa que explicaba las limitaciones en sus vidas, y que cualquier posibilidad de desarrollo personal quedaba reservada a los hombres. Una vez aceptada aquella realidad, entre la imposición cultural y el potencial biológico, muchas madres limitaban el desarrollo de sus hijas, ya fuera de manera consciente o inconsciente. Sus razones tenían; entre ellas, evitarles problemas y sufrimientos. Otras madres, en cambio, actuaban por motivos personales —negados— que ocultaban lo difícil que les resultaba aceptar que su hija tuviera la capacidad para romper los encasillamientos, algo que ellas no habían logrado. Eso era y es difícil de aceptar, pero tenemos que reconocer que la función materna no anula envidias, rivalidades ni dominaciones, elementos presentes en todo ser humano. La madre idealizada está unida a la creencia de que el amor materno siempre es incondicional, y no siempre es exactamente así, a pesar de que el amor maternal sigue siendo el más incondicional de todos los amores que conocemos.

2

Feminidad y femenino

Hoy en día queda clara la diferencia entre feminidad y femenino, pero a veces usamos de forma indistinta estas palabras como si fueran sinónimos, y no lo son.

La feminidad es, sin duda, la esencia de la mujer, constituye el núcleo de la identidad femenina, mientras que ser o no ser femenina es algo cultural. Es aquello que en mayor o menor medida ha ido evolucionando, cambiando a lo largo de la historia. Los hombres —¿también las mujeres?—, las religiones y las sociedades han establecido, por distintas razones, unas pautas que las mujeres tenían que cumplir y a las que tenían que adaptarse.

Hace apenas cincuenta años no era femenino ser universitaria, deportista o autosuficiente, y si damos la vuelta a las manecillas del reloj de la historia comprobamos que no era femenino saber leer ni escribir ni estar sentada al lado de los hombres, es decir, una serie de actitudes y funciones que nada tienen que ver con la feminidad. Las entonces virtudes femeninas han desaparecido; no así la feminidad.

Sobre la feminidad

La naturaleza ha dotado a la mujer de una intensa y rebosante capacidad sexual, distinta evidentemente de la del hombre, y ha tenido que sacrificarla todavía no sabemos con mucha precisión para qué. La idea más extendida es la de lograr que la humanidad siguiera adelante. El potencial que posee la mujer, tanto a nivel de profunda sensibilidad como respecto a la extensión de esa sensibilidad por todo su cuerpo, ¿fue negado y anestesiado sólo en aras del bien común? Demos una rápida ojeada a algunos de nuestros mitos occidentales más cercanos, siempre elocuentes y claros testigos de las realidades históricas que nos precedieron.

En la Grecia clásica sólo una diosa, y con reparos en un principio, expresa el erotismo: se trata de Afrodita, diosa del amor, aunque en su origen se la consideraba diosa madre. Al avanzar la civilización griega y darse un alto índice de natalidad, la sociedad se permitió que otros valores, como la belleza y el amor, pasaran a ocupar un lugar destacado.

En nuestra cultura, en el momento en que la mujer ha empezado a desprenderse del reduccionismo biológico, entendido como la esencia de la feminidad, han empezado a descender los índices de natalidad. En la historia y las costumbres, como dijimos al principio, la sexualidad femenina no estaba contemplada en la esencia de la feminidad; por increíble que parezca, ésa ha sido una conquista femenina. El punto al que ha llegado esta evolución en la actualidad nos indica el peso específico de la sexualidad en la esencia de la feminidad.

Ya en el pasado, algunas autoras y autores se dieron cuenta de que las niñas pequeñas experimentaban tempranas sensaciones vaginales, constatación que topó con la sociedad por todo el puritanismo existente. Rechazaron algo sobre lo que no habían realizado observaciones directas. Hace unos sesenta años volvieron a realizarse estudios —aunque insuficientes— sobre el desarrollo de la feminidad y, a partir de los años sesenta-setenta, empezaron a aparecer trabajos que versaban sobre la conducta vaginal de las niñas durante los tres primeros años de vida. Esos textos nos hablan de cómo descubren el cuerpo y cómo diferencian las sensaciones que éste emite. Desde entonces se han ido incorporando más datos que nos ayudan a entender cómo nos hacemos mujeres, en especial los estudios relacionados con el desarrollo de la identidad.

Hace tiempo se consideraba que los elementos innatos eran lo más importante en los seres humanos. Tras años de estudio y de observación, parece que la psicodinámica familiar aún tiene más importancia, por lo que la teoría de las relaciones personales pasaría a ocupar el primer lugar.

Se ha comprobado la fuerza e influencia de las relaciones humanas, de la familia y el ambiente, en el desarrollo de la identidad de ambos sexos; en este aspecto se infiltran y acumulan todos los mensajes conscientes e inconscientes que emiten la familia y el entorno.

El resultado de esa influencia serían los diferentes modos de relación que se establecen entre las personas y los efectos que producen en ellas. Estos efectos se manifiestan en los variados y particulares modos de entender y tratar a los demás, algo que refleja cómo es cada uno de nosotros. Según el tono afectivo predominante en las primeras relaciones entre el niño o la niña y sus padres, estaremos predispuestos a entender las relaciones con nuestros semejantes de un modo u otro.

A este nivel, las diferencias entre las personas se deben al énfasis o al sentido que se da a una expresión, a una actitud, a un pensamiento o a una acción, pues a todo ello se le atribuyen unas significaciones que no son compartidas en la misma medida por las personas del otro grupo. Si en una familia prevale la desconfianza y el recelo hacia los demás, así como hacia la vida en general, la niña de esa familia tendrá más posibilidades que la de otra de pensar que los demás no son de fiar y, en consecuencia, podría desarrollar una mayor vigilancia. Si en una familia no se intenta luchar contra las dificultades, se prepara el terreno para un mayor número de fracasos.

Del mismo modo, una niña inmersa en un ambiente frío y distante tiene más probabilidades de trasladar este tipo de relación que aquella otra que viva en un ambiente en el que predominen la naturalidad y la espontaneidad.

Estas relaciones no sólo son resultado de experiencias concretas, sino que también reflejan el tono emocional que se les atribuyó en el aspecto individual. Esto puede ayudarnos a comprender el peso y la influencia de la familia y del también llamado *otro social*, es decir, la cultura que nos envuelve.

En los últimos veinticinco años empezaron a valorarse de manera muy específica las relaciones madre-hija, tema del que destacaría la responsabilidad y la adaptabilidad de la madre con los aspectos más primarios de la niña. Estas relaciones son muy importantes porque funcionan a modo de cimientos sobre los que se sustenta la representación que tenemos de nosotras mismas y de los demás. Estas vivencias se amontonan y forman un material especial que reaccionará ante los estímulos que lleguen en la edad adulta.

También se están revisando otras muchas parcelas, como la formación del yo ideal femenino y del yo ideal materno. Las dos son construcciones que nos permiten entender por qué las mujeres vivimos con tanta exigencia y por qué se nos puede manejar con tanta facilidad por medio de los sentimientos de culpa. Se podría decir que estos ideales son responsables de muchos de los logros que las mujeres hemos obtenido a lo largo de la historia, pero también de buena parte de nuestros desgastes inútiles.

Muchas mujeres se preguntan cuándo empieza a desarrollarse la feminidad. Feminidad e identidad están íntimamente unidas. Decir «feminidad» es hablar del género, el eslabón fundamental en el proceso de identificación. La feminidad empieza a desarrollarse en cuanto se incorporan los elementos que constituyen el género. Nos construimos mediante una estrecha interrelación de elementos.

Atribución del género

En primer lugar, atribuimos el género justo en el momento del nacimiento. Además, podemos ir atribuyendo el género a nuestra hija desde muchos ángulos, tanto por el nombre que le ponemos, como por el sentido que en la familia se tiene de aquello que entendemos por feminidad. Éste es un extremo que no se suele tener muy en cuenta.

Científicamente, se ha observado que ya hay diferencias entre los dos sexos en el primer año de vida y en los que siguen a la primera infancia. Es fácil observar, a escala familiar, cómo se desarrolla la motricidad, cómo se comportan en el juego las niñas y los niños, cuáles son las preferencias por juguetes que, a su vez, expresan diferentes clases de deseos, cómo se manifiestan los miedos, la agresión, cómo se tolera o no se tolera la frustración, cómo se desarrolla la curiosidad, etc. Todo esto indicaría que si bien es cierto que entre los sexos existen diferencias innatas, tanto o más importantes aún son las influencias procedentes de los padres, del colegio y de todos aquellos elementos que nutren el entorno general del niño y la niña.

Me gustaría señalar dos elementos en los que la familia y el entorno reaccionan de distinta manera según se trate de un niño o una niña: la independencia y la agresión. A la niña no se le toleran manifestaciones agresivas en la misma medida en que se toleran a los niños, a ella no se le estimula a adquirir independencia en el grado en que se le alienta a él. Estos mensajes procedentes del entorno tienen, a la larga, importantes consecuencias.

Todos estamos de acuerdo en que nos comunicamos mediante el lenguaje, pero ¿qué lugar reservamos al lenguaje en la comunicación que de forma pasiva le llega a la niña? Más importante que lo que se dice es el tono emocional con que se dice, así como los gestos y las actitudes que acompañan a las palabras. Todo ello configura el significado mental que de su género le llega a la niña o al niño.

No es erróneo afirmar que la acción del lenguaje no es neutra ni inofensiva. Intentemos repartir responsabilidades: ¿son los padres y la sociedad quienes determinan en una mayor medida el género? ¿O es la anatomía quien señala de manera clara el destino de la persona? La maduración de la capacidad cognitiva es el primer hecho que nos permite entender qué es la nominación, es decir, el «yo soy niña», con todo lo que eso significa. Las respuestas a la nominación son muy complejas y variadas, y todas están estrechamente interrelacionadas, como ocurre en tantas otras situaciones.

Sabemos que las actitudes y las fantasías parentales no siempre concuerdan con la realidad anatómica y fisiológica del niño o la niña. Casi todos hemos conocido alguna familia en la que el padre o la madre han educado al hijo o a la hija como si perteneciera al otro sexo desde el punto de vista anatómico-biológico. Es evidente que esto crea un gran desconcierto en la criatura. Estas vivencias familiares se suelen recibir como un *doble mensaje* por parte del hijo o la hija.

¿Qué ocurre si en una familia se esperaba un niño y nace una niña, o bien el caso contrario? ¿Y qué sucede si la sociedad *a priori* ya tiene una imagen de lo que es femenino?

A veces se producen choques cuando los mensajes procedentes de los distintos planos de la feminidad, los biológicos, los anatómicos y los emocionales, no son uniformes. La falta de armonía entre estos niveles no es infrecuente, lo cual nos permite valorar la importancia de los elementos emocionales frente a los biológicos. Recuerdo algunos casos que he tratado y me pregunto si las experiencias que se van acumulando en el proceso de aprendizaje serán decisivas para determinar el núcleo de la identidad primaria. La respuesta no puede ser concluyente, pues en cada caso los elementos se engarzan de forma única y particular.

La niña alcanza esta identidad primaria al final del primer año de vida, cuando ya conoce su género. Afortunadamente, tiene más oportunidades, la identidad secundaria, entre los 3 y 5 años, también en la adolescencia y... una ventana abierta a la esperanza a lo largo de toda la vida. Así ocurre con algunas mujeres que, gracias a encuentros fuera de su encuadre vital, en circunstancias inesperadas, han conseguido hacer aflorar unos sentimientos y unas vivencias que habían permanecido en silencio. Ellas poseían ese potencial, pero permanecía a la espera de que alguien o algo lo liberara.

Puede resultar extraño, a comienzos del siglo XXI, la afirmación de que hace pocos años que a la mujer se le ha reconocido el género a nivel psicológico. Siempre se ha hablado de géneros, pero en la aproximación freudiana a la mujer le faltaba el reconocimiento de su individualidad desde sí misma.

Son muchos los factores que intervienen en este interjuego, desde los genéticos hasta los hormonales, desde los relativos al sistema nervioso central hasta los anatómico-fisiológicos. Todos son elementos de naturaleza distinta que a veces pueden sumar sus influencias y, en otras ocasiones, restarlas. De ahí puede surgir un giro en un sentido o en otro que incidirá en el resultado final, íntimamente conectado, de modo especial con el trato de la madre y el padre.

Las identificaciones afectivas con sus padres y su entorno consiguieron que una niña que no tenía vagina lograra sentirse plenamente mujer. En este ejemplo —se trata de un caso estudiado— se comprobaría la influencia de lo no biológico cuando se comparaba con otras niñas que tenían vagina y que, en cambio, no se sentían mujeres.

El cuerpo, la anatomía

A lo largo de la historia, las madres han transmitido a sus hijas creencias erróneas sobre sí mismas, basándose en el desconocimiento de su cuerpo y de sus funciones. Durante siglos han circulado distorsiones e incluso supersticiones. A causa de estas distorsiones acerca del cuerpo y de lo que simboliza, muchas mujeres aceptaron que las discriminaran sin nada que lo justificara salvo la ignorancia.

Las diferencias anatómicas son las que han sostenido todas las especulaciones científicas y pseudocientíficas que se hicieron y se hacen sobre el psiquismo de la mujer. Hay razones para ello, aunque no serían precisamente las que mencionó Freud.

Es posible que cuando la niña ve el cuerpo del niño, en vez de pensar que el suyo carece de algo, piense que le gustaría tener la misma libertad que él tiene con su anatomía, pues puede ver con claridad sus propios órganos sexuales. Es una vivencia que las niñas expresan de modo casi unánime y que pasado el tiempo muchas mujeres aún recuerdan. No creo que estas diferencias anatómicas se tomen como un castigo, sino más bien como origen de una preocupación y de una reflexión que acompañará a la mujer toda su vida y tendrá claras repercusiones en distintos aspectos.

Pienso que la mujer tiene desde siempre una actitud cualitativamente diferenciada del hombre respecto a lo que se entiende por privacidad. A la mayoría de las mujeres les molesta en gran manera que un hombre explique a otras personas las relaciones que ha mantenido con ella. En nuestra cultura se le pide al hombre que sea un «caballero», si bien nunca se le dice a una mujer que sea una «dama». Esto es así porque no es necesario que el «otro social» se lo pida, ya que esa privacidad forma parte de las características de la mujer, y tiene que ver con su anatomía y con todas las vivencias afectivas que ahora intentaré describir.

Comprender y aceptar nuestro cuerpo, es decir, nuestra anatomía y sus funciones biológicas, lleva aparejado un componente emocional del que es imposible desprenderse. Cada mujer entiende las distintas partes de su cuerpo, en primer lugar según el significado que les adjudica el lenguaje y, en segundo, por su modo particular y único de elaborarlo.

Por ejemplo, el pecho será vivido y sentido en función del mensaje que la niña recibe a través de su madre y su padre, y de cómo ella misma interpreta ese mensaje. De ahí que algunas lo escondan y otras procuren resaltarlo. Podríamos repasar la anatomía femenina y encontraríamos significaciones muy particulares.

Lo más importante no es la imagen anatómica, sino lo que se piensa de tal o cual función, pensamiento influido por todo aquello que el lenguaje popular y el individual otorgan a la anatomía. En estas significaciones se incluye la carga afectiva, positiva o negativa, que la persona les atribuye.

Más allá de lo biológico y lo funcional importa el significado mental que le damos. Lo anatómico es preciso y concreto, mientras que las funciones mentales dan significados, por medio de la simbolización, a cada una de las funciones concretas.

Cada órgano reúne, más allá de lo físico, distintas significaciones. A veces sólo registramos el primer nivel, el significado funcional de tal o cual órgano, pero en nuestro inconsciente se registra el significado emocional que le atribuimos. A este respecto, una de las maneras en que las mujeres expresan algunos de sus conflictos es la somatización.

En ocasiones somos conscientes de que somatizamos, y en otras tememos hacerlo, en especial cuando nos encontramos inmersas en acontecimientos que parece que pueden sobrepasarnos. No hay duda de que informamos de muchas cosas con el cuerpo; somatizar equivaldría, entonces, a expresar conflictos emocionales mediante alteraciones de las funciones orgánicas. Es evidente que en toda somatización se produce un trasvase de niveles, pues el conflicto emocional no tiene un origen físico, aunque se manifiesta mediante la alteración de la función de algún órgano.

Todavía no hay respuestas para muchas de las preguntas que plantean las somatizaciones: ¿por qué, para qué y cuándo se somatiza? ¿Se hace en momentos en los que ya se dispone de más capacidad mental para asumir ciertos hechos? ¿Por qué unas personas eligen un órgano distinto al de otras? Es evidente que en el cuerpo se expresa aquello que debería debatirse en la mente. ¿Acaso somatizamos para evitar el sufrimiento mental que experimentaríamos si tomáramos conciencia de lo que ocurre?

Cuando las causas de una enfermedad o de un trastorno son orgánicas, aparentemente no se diferencian de los que tienen causas emocionales, porque los órganos enferman o se alteran del mismo modo. Hay que tener en cuenta estos mecanismos en los casos de esterilidad, frigidez total o parcial, reglas dolorosas o cese de reglas, etc.

Son difíciles de establecer los mecanismos que intervienen en el caso de la mujer que tiene sus reglas con normalidad y deja de menstruar durante un largo período, coincidiendo con problemas de pareja, en especial en el ámbito sexual. Ni las analíticas ni otras pruebas médicas explican este hecho. Tras un largo tratamiento, es posible recuperar esta función.

Continuamente la anatomía se interrelaciona con sensaciones, vivencias, pensamientos y sentimientos por un cúmulo de razones, algo que nos diferencia como grupo del de los hombres. Esto no significa que las mujeres pensemos y sintamos con el cuerpo, como algunos han dicho. Significa que la identidad anatómico-sexual se ha ido formando más desde lo que se intuye y adivina que desde lo que se ve. La mujer ha tenido y tiene que hacer un gran esfuerzo en diversas áreas: la ubicación de sus órganos, la adaptación a unos ciclos y la prevención de unas consecuencias no siempre deseadas.

Tengo pocas dudas acerca de que la mujer a veces está ensimismada con su cuerpo. Casi todos sus órganos sexuales son interiores, lo que supone una dificultad tanto desde el punto de vista biológico como del de la representación mental de cada órgano y sus funciones. No tenemos un único sustrato anatómico claro y definido desde el cual poder sentirnos sujeto de deseo. Este hecho anatómico va unido a otros de tipo emocional que nos ayudarán, más adelante, a comprender un poco más la compleja relación existente entre sentimientos, vivencias, ansiedades y cuerpo.

Que el órgano sexual sea visible en el niño y no en la niña ¿sería razón suficiente para creer que ella no tiene sexualidad propia? Dado que el pene es un órgano sexual inequívoco y la niña, de momento, no sólo constata en ella su ausencia, sino que además no «ve» ningún otro órgano equivalente, ¿podría pensarse que ésa es la causa de la supuesta ausencia de deseo?

Los temores de la niña empiezan pronto, cuando siente y «sabe» que tiene una vagina, no porque la vea, sino, sencillamente, porque siente una oquedad. Los daños que pueda sufrir en su interior van asociados a ese lugar. Se sabe que lo importante no es la imagen anatómica en sí misma, sino lo que se piensa e imagina de tal o cual función. Como la vagina es un órgano interno que la niña no puede ver, podría ser un impedimento para desmontar la mayoría de los miedos que fantasea. El antídoto de lo fantaseado es acudir a la realidad; en este caso, sería la percepción visual de la vagina, pero ese antídoto no está a su alcance.

Alrededor de este hecho se desarrollan muchas fantasías. Por ejemplo, en los primeros años la niña tal vez tema recibir más heridas que el niño (él se centra en los temores de la castración). Este hecho físico y objetivo puede alimentarse con elementos psíquicos que a veces llegan a confundirse con acontecimientos reales.

A la mujer su anatomía le supone cierto obstáculo, en el sentido de que tiene que enfrentarse a una situación muy compleja, que le tomará tiempo y energía. A la niña esta problemática le impedirá identificarse anatómicamente con la madre de forma clara y directa.

La curiosidad por el cuerpo de la madre está presente en los dos sexos; se ha dicho que ahí estaría el origen y el motor de la curiosidad en general y de la curiosidad intelectual en particular. En el normal desarrollo de la curiosidad interviene de manera clara la agresividad, en el sentido de que son necesarias una fuerza y una acción para «robar» conocimientos y saberes del cuerpo de la madre. Todos podemos observar cómo la niña y el niño palpan, recorren y golpean el cuerpo de la madre, siempre con mirada atenta, para conocerla, para situarse. La agresión necesaria para el descubrimiento se equilibra con el agradecimiento que se experimenta por los nuevos conocimientos; ahí residiría la gratitud que vemos en las primeras relaciones con la madre.

En estos primeros años la agresión-curiosidad es ante todo física. A medida que la niña crece, la curiosidad cuenta con herramientas más sofisticadas, más allá de las manos y los puños.

La niña siempre se encontrará con más dificultades e interrogantes que el niño en el proceso de descubrir el cuerpo de la madre. Una de las primeras razones es la interioridad de los órganos de ese cuerpo al que tiene que identificarse. La imagen corporal de la madre aparece más inconcreta, vaga y difusa que la del padre, a pesar de que el pecho sea más asequible a la vista que el pene.

Se cree que estas características inciden de algún modo en la formación del yo femenino y en sus intereses. La interioridad del cuerpo femenino ha despertado tanta atracción como rechazo a lo largo de la historia; se ha fantaseado y delirado mucho al respecto.

Este sentir —mejor que pensar— ha impregnado el pensamiento occidental, que carece de auténticos conocimientos de aquello de lo que habla. No olvidemos que incluso Freud utilizó la palabra griega *hystera*, que significa «útero», para dar nombre a un trastorno psíquico del que todos hablan y pocos conocen: la histeria.

La histeria es un trastorno psíquico que se presenta tanto en mujeres como en hombres. Resulta obvio que esta expresión no puede estar peor elegida. Un error de este tamaño sería el resultado de la suma de errores que, siglo tras siglo, se han acumulado en lo referente al complejo aparato genital femenino, al que se le atribuían efectos sobre el psiquismo que no le correspondían.

La frigidez

De los distintos miedos o amenazas que llega a sentir la niña aparecen en primer lugar aquellos relacionados con los daños que pueden tener lugar en el interior de su cuerpo. Éste sería uno de los elementos que nos permitirían entender la frigidez, cuyo origen se sitúa en la infancia y que puede persistir en bastantes mujeres a lo largo de la vida. Tal vez esta razón emocional, mejor que las neurológicas, explicaría que los orgasmos clitoridianos sean más frecuentes que los vaginales.

Se sabe que el potencial orgásmico de la niña es anterior en el tiempo al del niño; quizá por ello la niña tiene una pubertad tan temprana. También se explicaría así por qué en ella se desarrollan antes que en él una serie de precoces defensas frente a esa manifestación sexual, defensas entre las cuales se contaría equilibrar la excitación sexual precoz.

Cuando pienso en algunas de aquellas voces autorizadas, tanto masculinas como femeninas, que opinaban que el orgasmo era masculino no tengo otra opción que atribuir esos dislates a las investigaciones científicas de antaño. Se afirmaba que la mujer femenina no tenía acmé orgásmico, que la vagina era el órgano de la reproducción y el clítoris, el del placer. Si se acepta esta falacia, se llegará a la conclusión de que las mujeres no deberían tener orgasmos para ser femeninas.

El paso del tiempo no sólo nos regala arrugas, sino también perspectiva. Situadas en la atalaya temporal entenderemos cuán atrapadas podemos quedar a causa de la contigüidad, es decir, perder la perspectiva porque todo aquello que nos envuelve camina en un mismo y único sentido.

En cada cultura y en cada tiempo los modelos, los valores, los puntos de referencia constituyen todo aquello que de algún modo da sentido de pertenencia. Por ello es difícil desprenderse de algunos de los componentes que, hasta cierto momento, representaban nuestra identidad.

En general, la mujer frígida guarda celosamente su frustración. No sabe si esa ausencia se debe a fallos personales o si la «culpa» es de su pareja. Así que, por razones de pudor y privacidad, no suele comentar su situación con nadie, y menos con su hija. Parece razonable pensar que en estos casos la madre no transmitirá a su hija una visión demasiado atractiva de las relaciones sexuales. Muchas mujeres no se sorprenden cuando su situación «encaja» con los velados mensajes que, en este sentido, emitían sus madres.

Recuerdo que en la década de los sesenta se desarrolló cierta cultura del orgasmo vaginal y que más de una paciente me expresó su angustia por que no alcanzaba tales orgasmos. Se creía que ésos eran los correctos. En palabras de aquella época, ésa era la clase de sexualidad que había que tener. Ahora se sabe que la sexualidad es bastante compleja porque en ella se escenifican los miedos recíprocos entre los dos sexos.

Por lo general asociamos las relaciones sexuales con la penetración. Pero el sexo y, más aún, el erotismo abarcan un espacio más amplio que la simple penetración. A menudo las pacientes me hablaban de los problemas que tenían en relación con este hecho, que era físico pero que se transformaba en un acontecer emocional.

En la Grecia clásica se hablaba siempre de culpa en las tragedias, y nosotros lo tenemos presente en nuestro lenguaje corriente. Poco se sabe de los mecanismos que intervienen en el desarrollo de esa culpa en nuestro interior. Hay una desconexión que se constata, por ejemplo, cada vez que le decimos a alguien que lo que le lleva a fracasar en tal o cual tarea puede ser un sentimiento de culpa no resuelto. En general, la respuesta ante esta insinuación suele ser un silencio incrédulo.

Sabemos que los conflictos sexuales, en ambos sexos, asociados al miedo, por represión o culpa, son muy antiguos. ¿Qué clase de culpa se esconde tras este conflicto? Hablamos de sentimientos de culpa unidos al sexo, y puede parecer que así consideramos el sexo como algo reprobable y sancionable. No se trata de eso; lo que ocurre es que los padres y los educadores señalan los límites de lo que es adecuado y de lo que no lo es, y reparten y dosifican los intereses de la niña y el niño, lo cual les obliga a reprimir algunas manifestaciones primarias. Se reprimen gestos, palabras y conductas, se les prepara para la sana represión consciente que necesitarán en su vida como adultos. Pero cada niña y cada niño entienden a su manera la prohibición y es ahí donde lo que quedó archivado en el inconsciente puede originar posteriores dificultades. Si más tarde, en la vida adulta, se transgrede algo de lo que en la infancia se entendió como prohibición, el supuesto delito se paga con la ausencia de placer y/o culpa.

Por otra parte, las características de la anatomía femenina permiten a la niña reprimir las vivencias vaginales y trasladarlas a un lugar más seguro o menos peligroso para su cuerpo, por ejemplo, el clítoris. De ahí que se diga que el «silencio» vaginal, la frigidez, es un silencio defensivo.

A modo de conclusión

Todo lo relativo al cuerpo y a la sexualidad de la mujer se asociaba a una serie de conceptos que entraban en la categoría de lo innombrable. Las mujeres no sólo estaban oprimidas por una sociedad patriarcal, sino que además se identificaban con su propia anatomía, que entendían como dañada y defectuosa. Esta vivencia coexistía con la actitud defensiva de la feminidad y la sobreprotección caballeresca. ¿Ciertamente tiene tanto poder la sociedad, en el ámbito cultural, para hacer sentir y pensar algo que en su esencia no es cierto?

No creo en el poder destructor de ninguna ideología hasta ese extremo. La sociedad patriarcal podría vender todos los argumentos interesados que quisiera, pero resulta imposible creer que las mujeres aceptaran sin más la creencia de vivirse como defectuosas si no hubiese existido en ellas cierto punto de incertidumbre en relación consigo mismas y con su identidad.

La religión reprimió la sexualidad en la mujer, del modo que todos conocemos, pero también ella desarrolló su propia estrategia de defensa por el miedo que su potencial orgásmico le despertaba, ya que ese potencial no era aceptado por las ideologías. Así, la represión funcionó en dos direcciones: por una parte está la religiosa, que es ideológica y encuentra un terreno propicio en la represión natural; por otra, existe en la mujer por los motivos expresados. Se podría decir que llovió sobre mojado.

La cuna de los miedos en ambos sexos la encontramos en el mundo inconsciente, una mezcla de fantasías, vaguedades e imprecisiones. Los argumentos con los cuales la sociedad ha sustentado —por consenso, quizá— toda una mitología de la mujer no son racionales. En el pasado significó la «eliminación oficial» del placer sexual para la mitad del género humano. En la actualidad, cerca de nosotros, el caso más extremo consiste en la ablación del clítoris que, de manera increíble, es practicada por las mismas mujeres.

En el inconsciente de ambos sexos se ha asociado el placer femenino con algo envolvente y difícil de contener. Esto explicaría que en la fantasía se desarrollen temores y envidias por parte de quienes no cuentan con ese potencial.

Mientras escribía sobre la anatomía femenina se me ocurrió que podía establecer algún paralelismo entre el cuerpo femenino y el mapa de la Antártida. ¿Qué vemos y qué sabemos de la Antártida? En el mapa aparece una enorme superficie de tierras cubiertas de nieve y hielo, pero no vemos de modo directo las tierras que cubre·la capa helada. Esta característica distingue a ese continente de otros.

Pero sí conocemos su forma, su extensión y su distribución gracias a sensores y técnicas novísimas de medición y tenemos imágenes de ella tomadas desde el espacio. Aunque todo´ello no evitará que cuando pensemos en ella cada uno de nosotros se la imagine y se la represente a su manera. Algo parecido sucede con la parte interior del aparato genital femenino.

Vemos reproducidos con todo detalle los órganos femeninos en radiografías, ecografías y tomografías, pero la mayoría de las personas no reproducen ni interiorizan estas imágenes del cuerpo obtenidas por máquinas; más bien las superponen a otras vagas e imprecisas de factura personal.

Son imágenes que van ligadas a recuerdos de los primeros años de vida, que están impregnadas de significaciones emocionales que fueron y continuarán siendo nuestros puntos de referencia. ¿En qué nos ayudaría la reproducción del cuerpo real obtenida por una máquina? Quizá podría ayudarnos a situarlo dentro de un marco de objetividad, aunque es posible que los fantasmas y las distorsiones persistan.

Se puede argumentar, con toda razón, que todos nuestros órganos internos, como el corazón, los pulmones o el estómago, están en las mismas condiciones que los no visibles genitales femeninos, y que también se desarrollan ansiedades en torno a estos órganos. Es cierto.

La gran diferencia reside en la penetrabilidad. Nadie puede penetrar físicamente en nuestros pulmones, en el hígado o en el corazón..., ésa es la gran diferencia. Y eso explicaría que se establezcan, además de las defensas físicas, otras cuyas raíces estarían en las ansiedades y las fantasías que rodean a nuestra sexualidad.

A causa de esta penetrabilidad, las mujeres asumimos —si no tomamos precauciones— el riesgo de perder la privacidad de nuestro cuerpo. Durante siglos, tener relaciones sexuales era una puerta abierta al embarazo, y eso era difícil de ocultar. Antes del control de la natalidad, la sexualidad femenina era entendida por la propia mujer como un peligro que derivaba en múltiples consecuencias.

No hablo del embarazo deseado, sólo pienso en los miedos que se despertaban y aún se despiertan en la mujer frente a su natural deseo sexual por el hombre. Desde la infancia la niña «sabe» que la actuación de sus deseos sexuales corre el riesgo de convertirse en una actuación pública. A mi entender, esta hipoteca biológica contribuyó en gran medida a la represión de la sexualidad femenina, instrumentada por la sociedad en general. La literatura encontró en este hecho un filón de inspiración inacabable.

Por fortuna, las ideologías y los avances de la ciencia apuntan hacia otros nortes que inciden en la vivencia de la interioridad del cuerpo femenino y en los significados emocionales que cada mujer le asigna.

Hasta no hace mucho, cada luna-mujer recorrió su camino, con mayor o menor esfuerzo, acompañada por otra luna-hija, en muchos aspectos envueltas las dos en atmósferas de fantasmas y no en conocimientos objetivos, con prohibiciones y culpas y no con una buena cultura sexual. El recorrido vital de esas lunas muestra que a veces hubo y hay buena sintonía entre ellas, en otras, no tanto.

En las páginas que siguen hablaré de sintonías y asintonías.

3

De cómo nos construimos...

El peso de la memoria

Se ha dicho que una persona sólo es aquello que su memoria recuerda. De ser así, sólo seríamos ese corto espacio de tiempo que la memoria nos muestra en los momentos de hacer balance. En parte, sería cierto...

Recordamos nuestra infancia, a nuestra madre y a nuestro padre gracias al registro que guardamos de todo ello. En realidad, nuestra memoria lo graba todo, aunque con el tiempo perdemos gran parte de ese almacén de información. Hoy por hoy es imposible recordar las vivencias que experimentamos en el claustro materno, las de los primeros días, los primeros meses y, para muchos, las de los primeros años.

Muchos pacientes explican que apenas recuerdan sus primeros años; otros, ni siquiera eso. Pero hay quienes tienen recuerdos de los dos o tres primeros años, y los asocian a algún hecho concreto, algo que permite establecer la edad que tenían.

Es cierto que creemos ser lo que nuestra memoria nos recuerda; pero a ese recuerdo habría que añadir todo lo que la memoria reprimió. O, si se prefiere, todo lo que fuimos apartando mediante una serie de mecanismos para abandonarlo en el saco del olvido. Nadie tiene un acceso natural y directo a ese saco, de ahí la dificultad de saber quiénes somos.

De alguna manera somos todo eso que guardamos en secreto en nuestro inconsciente, más todas aquellas otras cosas que hemos podido recordar. La posibilidad de acceder al recuerdo también depende de cómo somos. Cada cual recuerda, voluntaria y también inconscientemente, selecciona unos recuerdos y decide olvidar vivencias y acontecimientos del pasado. Podríamos acordar que somos lo que nuestra memoria recuerda y que sólo recordamos ciertas cosas porque no podemos aceptar otras a causa de cómo somos.

La memoria que guardamos de los primeros años de vida está siempre asociada a emociones. En estos primeros tiempos intervienen las figuras más significativas de la vida de cada persona.

El amor y el odio son las emociones que mayor impacto tienen. Por esta razón, cuando se vive un acontecimiento en el que intervienen estas emociones solemos decir: «Esto no lo olvidaré jamás».

En la historia personal con la madre se oscila entre recuerdos y olvidos, por lo que en esta relación está muy presente «la memoria complaciente», aquella que nos ayuda a deformar la realidad, que nos defiende y nos preserva del malestar cuando revivimos emociones que en su día fueron negativas.

Los recuerdos asociados a las figuras más significativas de nuestra vida suelen oscilar, a la larga, entre la idealización y el ataque; es más difícil conservar un recuerdo neutro. Resulta fácil atribuir la responsabilidad de los hechos que nos ocurrieron a nuestro padre o a nuestra madre. Es evidente que existen resistencias para asumir que pudimos hacer algo más de lo que hicimos en relación con aquellos hechos con sabor a conflicto que archivamos en la memoria. Es un proceso selectivo de la memoria en el que el maquillaje asume el protagonismo.

En general, a la larga, la falta de responsabilidad personal se convierte en un pésimo negocio. Sería algo así como aquello que proporciona «consuelo hoy, pero problemas mañana». Todas nuestras deformaciones llevan implícito el pago de un peaje cuya consecuencia externa podría ser el desconocimiento de nosotros mismos. Y eso nos coloca en una situación de inferioridad en el momento de afrontar problemas.

Es posible imaginar distintas posibilidades acerca de lo que podría ocurrir años más tarde en función de lo gratificante o frustrante que haya sido esta etapa, que dura bastantes meses. También es posible suponer cuán fuerte sería el deseo de revivir otra vez estas situaciones en futuras relaciones adultas si hubieran sido placenteras o, por el contrario, cuánta dependencia se desarrollaría intentando encontrar la satisfacción que resultó negada, a causa tal vez de déficit vividos o que se grabaron como tales. O bien, cuánta satisfacción quedó en nuestro recuerdo por aquel paraíso perdido y cómo ese recuerdo nos impidió crecer al no encontrar en la vida adulta nada que lo igualara.

La influencia o el peso de la memoria olvidada, pero significativa, lo encontramos con frecuencia en distintas situaciones, aunque no seamos capaces de ver la relación causa-efecto a pesar de que esté presente. La memoria subterránea es la que nos conduce hacia una serie de decisiones que, en ocasiones, no sabemos a qué obedecen.

La memoria nos ofrece a diario un menú de opciones, y no siempre elegimos la mejor. Es frecuente oír quejas de este tipo: «¿Por qué elegí esta pareja si tuve muchísimas ocasiones de decidirme por otra mejor?». ¿Por qué razón tropezamos tantas veces en la misma piedra?

El inconsciente atesora recuerdos olvidados que hacen que sintamos que una determinada situación nos resulte familiar.

Por esa razón nos atrae. Son los recuerdos ocultos que actúan desde distintos rincones de nuestra memoria. Se activan ante ciertos gestos, modos de hablar y de pensar. Por eso, más allá de toda lógica, sentimos una atracción indefinida hacia esa o aquella persona.

Casi nunca somos conscientes de que elegimos a una pareja en la que se repiten rasgos parecidos a los de personajes significativos de nuestra vida.

De cómo las mujeres nos construimos o de cómo nos construyen

En las conductas de los seres humanos interviene un «personaje» que, a modo de juez, nos recuerda los códigos legales, la ética, los valores propios de cada cultura y también los específicos de cada sexo. Si bien hombres y mujeres nos movemos en la misma cultura, los valores femeninos no siempre coinciden con los masculinos, y viceversa, aunque compartimos unas y otros muchos de ellos.

Este juez, o *conciencia moral*, como lo llamaremos, es quien nos advierte e inquieta mediante los sentimientos de culpa cuando nos dejamos llevar por las tentaciones primarias que chocan con códigos y preceptos.

Son antiguas las discusiones sobre lo frágil o lo férrea que es la exigencia ética en la mujer: Sigmund Freud y Melanie Klein expresaron opiniones contrapuestas sobre este tema. La realidad nos muestra que las dos, matizadas, son correctas.

El sentimiento de culpa, esa señal que experimentamos cuando tememos no cumplir con nuestros deberes, ese miedo a no hacer aquello que nos corresponde, es un rasgo universal del género femenino. No sólo nos hacemos cargo de los deberes que nos atañen, sino que además, de forma incomprensible, asumimos los que no nos corresponden.

Los deberes son el objeto de la ética. Podríamos hablar mucho de la ética masculina referida a la vida en pareja y en familia. No lo haré porque el tema requeriría un estudio aparte.

No obstante, varios autores opinan que la conciencia moral femenina es menos rígida, vengativa y punitiva que la masculina y, además, posee una gran capacidad de adaptación y variedad de valores e intereses. Posiblemente, la guerra y la muerte no forman parte de la agenda emocional de quien genera vida y cuidados físicos y psíquicos, lo que no significa que la agresividad no esté presente en las mujeres; simplemente la expresan, la viven y la llevan a cabo de manera distinta.

Desde muy pequeñas las niñas sienten temor al castigo y experimentan culpa. La culpa es la expresión del peor de los miedos que se dan en etapas tempranas; surge a causa de cualquier tipo de transgresión, de cualquier desobediencia. Esa culpa oculta el miedo a perder el amor.

En la mujer adulta se manifiesta más que en el hombre la necesidad de valoración, de reconocimiento y de *ocupar un lugar*, lo cual pone de manifiesto su necesidad de amor. El origen de esa necesidad estaría tal vez en el insuficiente reconocimiento inicial del que ya he hablado; es fácil darse cuenta de que en la mujer esa necesidad es mayor que en el hombre, quien en la sociedad recibe un mayor reconocimiento en lo personal y en la adjudicación de un lugar.

Además, el yo ideal femenino indica a la mujer su obligación de cuidar de los demás y de entregarse a ellos. Por extensión, esta obligación incluye cuidar del hombre y entregarse a él, de modo que éste ya recibiría un cupo de amor no comparable al que la mujer recibe de él.

Hasta ahora, el yo ideal masculino no le decía al hombre que debía cuidar de los demás y entregarse a ellos. Este extremo nos explicaría muchas de las conductas de la mujer.

Cualquier observador de esta cuestión comprobará que los *sentimientos de culpa* son, precisamente, el punto cardinal por donde más fácilmente se manipula a las mujeres. No accedimos al mundo productivo, entre otras cosas, por sentimientos de culpa.

¿Qué hay detrás de ese sentimiento femenino tan diluido e impreciso? Me refiero a aquel que nos hace sentir vivencias tan imprecisas como: «Algo habré hecho mal, aunque en realidad no sé qué es». Parece que las mujeres tenemos miedo de no cumplir unas expectativas que unas veces nos señalan y otras nos señalamos, aquellas que forman parte del *ministerio de los cuidados y de los afectos*.

La madre experimenta sentimientos de *culpa* al tener *en exclusiva* la responsabilidad del cuidado del hijo que ha gestado y ha alumbrado. El padre no lo experimenta si abandona a la niña o al niño porque ese sentimiento no está incluido en su agenda mental.

¿Es posible que el padre haga suya la responsabilidad sobre el hijo o la hija en la misma medida que la madre? Por razones obvias, no podrá asumirla en la misma medida en que ella se obliga a hacerlo. Además, la asunción de la coparticipación emocional aún se encuentra en mantillas.

No creo en la existencia de un gen responsable de la culpa. Sí creo en esa «agenda» que se transmite de madres a hijas y en la que todavía existen ventanas simplemente entreabiertas, en las que el padre necesita introducirse para descubrir y aceptar todo lo que desde allí se ve. Si lo asume, se enriquece y completa como persona.

J. Benjamin (1996) piensa que la no asunción, por parte del padre, de esta responsabilidad, de no cuidar la relación personal con su mujer y su hijo, procede del rechazo que experimenta el niño hacia la madre durante la primera infancia, pues pretende negar su dependencia y todo lo que de ella procede a fin de construir su identidad masculina. Cabría preguntarse entonces hacia dónde derivaría la negación de la dependencia afectiva de la madre si mediante ella él pudo construirse emocionalmente, aunque ahí ya entraríamos en otro terreno, distinto al que quiere abordar este libro.

Con esa negación se destruye también la *capacidad de cuidar* que ella le transmite. De modo que no sabrá hacerlo a menos que recupere las capacidades que potencialmente tiene y que, por lo general, ha desechado.

Este evidente desajuste apunta en dos direcciones, a dos destinatarios: el paterno y el materno. Por parte de la mujer, hablaríamos de una aceptación resignada. ¿Tendrá que ver con la decepción que la niña tuvo en su infancia respecto al padre? ¿Rememora un padre que, cuando ella era niña, no le dio el apoyo o la respuesta que esperaba de él? ¿O tenía que ver esa aparente conformidad con el carácter posesivo de la madre, que no facilitaba la entrada al padre? ¿Colaboraba en esta ausencia del padre la mujer, que sentía que su único terreno, su único *ministerio*, era la maternidad?

Se habla con insistencia del miedo que algunos sienten al imaginar la crianza por el padre, como si temieran dar salida a una afectividad que sólo correspondería a la madre. Pero esta falta de implicación afectiva del hombre no es nueva; se responsabiliza como padre, salvo excepciones, pero no en el plano emocional.

¿Tiene el hombre alguna posibilidad de potenciar su afectividad respecto a los hijos más allá del juego y de la ayuda? Sin duda, él también puede ser *maternal*, y entiéndase esta expresión en términos de cuidado y compromiso. Pero para recuperar esa afectividad debería retroceder, desandar el camino hasta llegar a la sana dependencia afectiva, presente y negada, reconectarse a la madre de la primera infancia, de quien recibió los modelos afectivos.

En la actualidad cada vez hay más mujeres que desean compartir con su pareja esta situación y, asimismo, hay más hombres que se implican emocionalmente.

Si las mujeres estimulan la confianza en su compañero sentimental, el padre de la hija o del hijo, y le invitan a formar parte de esta tríada, se podrá cerrar el triángulo madre-padre-hija/hijo. Pero esto significa que la mujer tiene que estar dispuesta a perder parte del poder que otorga la maternidad.

La ventana del padre

La madre y la niña han vivido en un círculo cerrado, en una espiral relacional, y al padre le corresponde abrir ahí una ventana con dos finalidades: oxigenar el ambiente mediante su impronta afectiva y recordar a la madre que ella tiene un deseo, más allá de la hija o del hijo, del que él es destinatario.

La niña necesita librarse del dominio amoroso que ejerce la madre sobre ella y, en correspondencia, si el padre se introduce entre las dos puede ayudar a la niña y ayudarse a sí mismo, recuperando su lugar frente a la madre y devolviéndole a ella el espacio que le corresponde como pareja. Desde siempre, la niña ha visto al padre como alguien distinto, a quien dirige su atención y su interés, aun cuando físicamente no esté presente.

Muchos hombres expresan quejas sobre las conductas y las respuestas emocionales que manifiestan sus mujeres a partir del momento en que nace un hijo o una hija; sienten que su pareja los *abandona*, pues pasan a un segundo plano y ya no reciben la atención y la dedicación que ella les prodigaba. Estas quejas no van acompañadas por un espíritu de lucha, aquel que manifiesta la existencia de un deseo presente entre los dos.

Llegados a este punto, mi mirada se dirige hacia la figura del padre. Su ausencia afectiva podría potenciar la persistencia de la dependencia de la niña si no le presta su apoyo cuando inicia el alejamiento de la madre. El padre puede neutralizar a una madre absorbente, aquella que impediría el obligado distanciamiento de la niña hacia la autonomía; ésa es la meta del viaje, un viaje que la niña podrá y deberá hacer mediante la presencia y *el permiso* del padre.

De alguna manera, es él quien permite que la niña pueda volver a la madre sin que experimente desamparo y soledad; por ello necesita que el padre le preste su apoyo.

Se ha escrito mucho sobre las fantasías que tenemos respecto a la figura paterna a esa temprana edad y que poco a poco se desvanecen en la medida en que entramos en contacto con la realidad. Lo real sustituye lo fantaseado, aunque hay que distinguir que sustituir no es sinónimo de eliminar.

El proceso de acercamiento a la figura del padre supone un alejamiento temporal de la madre, ocasión en la que pueden aparecer sentimientos, vivencias y miedos que dejen una profunda huella.

Sabemos también que gracias a la disociación en la que en esa época el niño o la niña se mueven, ella puede creer que los seres humanos son todos buenos o todos malos. Este primitivo mecanismo contribuirá a que la niña sea capaz de entusiasmarse por la figura del padre, ya que en la madre ha depositado la mayoría de las frustraciones que ha experimentado hasta entonces. Así pues, temporalmente, la madre se convierte en el personaje malo y el padre en el salvador.

Es observable la seducción que ejerce el padre sobre la niña. En toda relación de seducción suele existir una participación recíproca, que no siempre es idéntica, es cierto, pero siempre está presente si se instala y no es sólo flor de un día. La seducción del padre por la hija, y la de ella hacia él, es profunda y duradera, aunque no tenga asegurado un final feliz.

Desear y ser deseada, amar y ser amada son las grandes necesidades de la niña en ese momento en relación con el padre. La niña invierte mucho esfuerzo, mucha energía amorosa, para *atraer sobre sí* la mirada del padre. Necesita su amor, su interés, su dedicación. Se identifica con quien ama. Quiere ser como él, está fascinada por aquel personaje distinto y nuevo que se instala en su tierna mente.

La niña buscará intimidad con el padre, pero él no podrá caer abiertamente en esa seducción, pues paralizaría su crecimiento. Si quedará fascinada por el padre, no podría separarse de él y eso coartaría su libertad para buscar y encontrar nuevos vínculos. Si la niña se quedara en este punto, en el que todavía no es capaz de diferenciarse del padre porque desea ser como él, su identidad quedará amenazada. Tal vez quede prendida de una imagen de la que sólo necesita recibir atención, halago y dedicación o, por el contrario, será ella quien necesitará dárselo a él.

Detenerse ahí equivaldría a situarse en una posición narcisista o masoquista. Algo así como si dijera: «Dime y dame todo aquello que necesito, y más allá de ello tú no existes»; o bien: «Como soy tuya, haz lo que quieras conmigo, pues yo no importo».

Sabemos que la niña tendrá que alejarse parcialmente de esta situación tan fascinante como irreal para volver a acercarse a la madre, que es su igual y con quien necesita identificarse, si la ama y quiere ser como ella. Este proceso, necesario, la volverá a conectar con su dependencia y con aquellas vivencias de autonomía que la llevaron a alejarse de la figura materna.

La entrada de la figura del padre supone un nivel de maduración superior. La niña ha pasado de la fusión con la igual a la atracción por lo diferente. A partir de ahí se abre mentalmente la ventana de lo novedoso.

En general, también es visible la seducción que la niña ejerce sobre el padre, pues sonríe y juega con ella de modo distinto a como lo hace con el niño. Por su parte, la madre no experimenta los mismos sentimientos ante la relación de la niña con el padre que ante la de éste con el niño. Son situaciones nuevas que despiertan en ella los recuerdos de su relación con su propia figura paterna.

Algo parecido le ocurre al padre, pues la relación con la hija evoca en él vivencias reales o fantaseadas conectadas con las que sostuvo con su madre.

El padre no siempre puede ayudar a la hija de la manera que ella necesita, porque no se reconoce en la niña como sí hace en el niño. En la mayoría de los casos, el padre juega y seduce a la niña, pero no se identifica con ella. Él tuvo que renunciar a la identificación con su madre para definir su identidad.

Cuando la niña se acerca a él, ve en ella su incipiente sexualidad, tierna, grácil y seductora. En esta fase pueden ocurrir muchas cosas y, en la medida en que el padre tuvo una buena relación con su madre, podrá acercarse a la hija, acogerla, provocarla y jugar con ella.

Pero puede ocurrir también que se aleje del compromiso emocional con la hija porque no la entiende, porque teme feminizarse si se acerca a ella o por motivos culturales que le impiden actuar como soporte en los momentos en que la niña le necesita. Este proceso reflejará, a modo de espejo, hasta qué punto acogió bien sus propios aspectos femeninos o hasta qué punto los rechazó.

La respuesta del padre al juego erótico que la niña inicia con él es fundamental para evitar que en ella se desarrolle una baja autoestima, que se dará si no halla en él la respuesta y la implicación que espera. Tal vez la niña entienda que su persona no ofrece interés para el padre. Así, si este inicio de flirteo amoroso cae en el vacío, es posible que se presenten diversas consecuencias en su identidad, tanto en su vida sexual como mujer como en sus relaciones con el otro sexo.

A mi entender, el padre ha tenido la oportunidad, durante este período, de abrir a la niña la ventana amorosa a modo de contrapeso de la dominación materna. Al crear un nuevo espacio mental, se construye la confianza en el otro; al introducir la diferencia sexual, nace la complicidad desde el amor recíproco y complementario. Estos lazos se pueden construir porque en este período la niña se pone en sus manos, seducida por la fantasía de que él será su salvación y por la atracción que la diferencia despierta en ella.

Si no se siente sostenida por el amor del padre, deberá aceptar que no puede ser como él, lo cual facilitará su identificación con la madre. La figura paterna se mantiene cargada de significados emocionales desde la diferencia. Ésta sería una de las bases de su enamoramiento heterosexual.

En cambio, si no llega a identificarse con el padre, aquel que básicamente apoya y también seduce, podrían ocurrir varias cosas con más frecuencia, por ejemplo el rechazo de la figura masculina o bien la idealización de la misma.

Por fortuna, la realidad nos muestra que aun siendo ciertos estos planteamientos teóricos, se organizan otras combinaciones de factores, lo que indicaría que las vivencias no siempre son tan claras y radicales. Existen recursos personales que consiguen transformar sentimientos que en su origen fueron negativos.

El padre es una figura clave para explicar la presencia y/o la ausencia del deseo en la mujer. Ya dije que *el padre nunca debe ni puede colmar*, pero sí dejar huellas positivas que permitan a la niña *esperar*.

Por su parte, la niña tiene dentro de sí un auténtico laberinto emocional, el primero que tendrá que recorrer. Está *descubriendo* las dificultades que conlleva su creencia de que todo es blanco o negro. En la vida emocional nada es tan simple ni factible como en principio parece.

En el supuesto de que sus primeras relaciones con la madre hayan sido buenas, no podrá evitar el sentimiento de culpabilidad, tanto por separarse de ella como por desear sustituirla en su relación con el padre. Si las relaciones con la madre no han sido gratificantes, se acumularán a esa situación. En cualquier caso, no evitará tener que justificarse a sí misma por desear ser igual que la madre en la relación con el padre.

Es obvio que la niña o el niño envidian a los padres porque son adultos y, a sus ojos, poderosos. También la envidia y los celos aumentan cuando la relación se erotiza. No hay que olvidar que las relaciones con ambos progenitores están erotizadas.

En una situación tan compleja, en la que al menos intervienen tres conscientes y tres inconscientes, es previsible que la problemática se plantee desde enfoques diversos y opuestos.

El viaje que hace la niña desde la madre hacia el padre obedece a dos finalidades, tal como he explicado. Pero todo aquel que inicia un viaje confía en regresar. Este regreso puede mostrar diferentes caras, según se hayan resuelto o no aquellos enigmas que, aunque soterrados, estaban presentes en el viaje de ida.

En el regreso, la niña empieza a enterarse de que no tiene a mamá, a quien dejó por un tiempo, ni a papá, porque él tiene a mamá; salvo que se instale en fantasías incestuosas. Entonces, ¿qué le queda? Nada, en apariencia, aunque tal vez sienta que esa nada que tiene es mucho. Ese *mucho* procedería de la vivencia de ser amada por ambos progenitores. Por supuesto, la necesaria complicidad de la madre al aceptar el juego *triangular* le ayudaría a esperar a ser mayor para tener lo que ahora sabe que tienen mamá y papá.

Ventana cerrada, ¿*permiso* ausente?

Los *permisos* que puede darle la madre, unidos a aquellos que le daría el padre, se convierten en preciosos elementos de colaboración en las contradictorias vivencias que la niña experimenta.

Tras unos años en los que los sentimientos, las identificaciones, los deseos y los rechazos de las figuras parentales han oscilado y se han modificado entre olvidos y recuerdos, la adolescente intenta asociar el placer con la función sexual a modo de balance.

Sus vivencias subjetivas de la madre como objeto y sujeto de deseo y los mensajes reales o fantaseados que ha captado del padre sobre ésta colaboran a que la hija logre una identificación en la que el placer sexual será incluido en y/o asociado a las funciones que su biología le ofrece.

Son muchas las combinaciones que pueden darse entre la ausencia o la presencia de estos elementos preciosos, y ello, unido a la capacidad de la niña de experimentar esas vivencias, puede conducirla, o no, a la frigidez.

A este conjunto de combinaciones cabría añadir otros modos no verbales, pero sí actuados, que denominamos «paraverbales» y que se producen en el seno de la familia.

Los mensajes del padre, como los de la madre, suelen tener orígenes y fuerzas que van más allá de las palabras. A veces, en el seno de la familia se crean atmósferas en las que no es necesario verbalizar lo que se considera permitido o no. La niña y el niño saben bien qué es aquello que, sin citarlo, tiene luz verde o luz roja.

Suele ocurrir en familias en las que la sexualidad o los significados eróticos apenas están presentes a nivel verbal. Así, la prohibición y la desaprobación respecto a lo que se ha convertido en innombrable está muy presente, impregna partes importantes de la ideología familiar.

En este caso situaríamos a familias en las que se prohíbe mucho, pero sólo de palabra, cuando en la práctica se suele ser muy permisivo. En otras llama la atención la «liberalidad», aunque en lo esencial son muy represoras. Éstos serían algunos de los estilos más frecuentes, a los que cabría añadir otros que resultan de la combinación de ambos.

Regreso hacia la madre. A vueltas con la culpa

El resultado de una agresión siempre es un daño. A nivel mental, culpa y agresión son compañeros inseparables.

Se sabe que la hija visualiza a la madre como liberadora de malestares, peligros y miedos. Por su parte, la madre teme provocar daño en la hija si no cumple con el decálogo de obligaciones que tiene hacia ella.

Por lo que conocemos, la relación inicial entre madre e hija parte de unas bases poco reales, por lo que sería utópico pensar en un desarrollo del que no surjan evidentes ambivalencias.

El hecho de que cada maternidad sea distinta se debe a las características personales de cada mujer cuando se convierte en madre. Es ella quien suele dar y hacer todo aquello que su persona, todo su ser como mujer, le permite dar y hacer. Cada mujer es como es, y cuando es madre lo entenderá de acuerdo a como ella es.

Pero, en general, se parte de una concepción muy distinta: *se pretende definir la maternidad de modo abstracto y universal*, sin tener en cuenta al sujeto de la maternidad.

Las exigencias que conlleva la maternidad no podían ni pueden ser entendidas si no es desde la más absoluta singularidad. Las respuestas a las exigencias maternales no pueden ser uniformes. La madre, desde su subjetividad como mujer, no puede responder a lo que señalan los ideales. A causa de ello, a menudo se ve forzada a *exagerar* su función para cumplir con lo que se espera de ella.

Esta falta de autenticidad, en el sentido de que se está representando esa función ideal, suele oscilar del exceso al defecto. La sobreprotección, con sus variantes, la lleva a repetir el modo de entender la relación que tiene establecido dentro de sí. En el caso opuesto, donde se pecaría por defecto, el resultado sería la ausencia de protección.

En este último caso situaríamos a las madres que se desentienden de la hija o el hijo porque les resulta un estorbo para sus intereses y necesidades. Serían aquellas mujeres incapaces de asumir la función materna; tienen miedo a que la hija o el hijo modifiquen su vida, que la dejen de lado.

El hombre no suele experimentar estos problemas. En la mujer, como vemos, todo sería más complejo y quizá menos auténtico a causa del desmesurado peso que en la construcción de lo femenino, y no de la feminidad, han tenido los aspectos culturales.

Se parte de una serie de ideales, todos difíciles cuando no imposibles de cumplir. Son los que han contribuido a esa fórmula final que toma la forma de la *culpa* femenina, tan desmesurada que se confunde con la posibilidad de causar o poder causar daño a otra persona si no se cumple con las «obligaciones».

Por esa razón se establecen una serie de exigencias mutuas entre madre e hija, prohibiciones de sentir y experimentar vivencias negativas una respecto a la otra, lo cual da lugar a desarrollos complejos e impredecibles.

La madre que cuidó a la hija lo hizo de tal modo que ésta siente que le debe la vida. La madre, en algún lugar de su persona, espera que la hija se lo agradezca queriéndola y tratándola tan bien como siente que hizo con ella. Esta madre, inconscientemente, intenta resarcirse de alguna manera en la relación con su hija de aquello a lo que tuvo que renunciar para cumplir el ideal maternal.

Por su parte, a lo largo de los años la hija acumula demasiada presión, fruto de esas exigencias no verbales que ella cree recibir. La suma de tantos «deberes» puede contribuir a agravar el desarrollo de sentimientos de culpa, consecuencia de la agresión hacia la madre. Ambas, al moverse impulsadas por tanta exigencia, viven un poco contra natura.

En la madre y la hija las obligaciones interiores eran tan altas que, de no cumplirse, causaban una intranquilidad equivalente a la llamada «culpa difusa». La hija, entonces, no puede expresar de forma directa esa agresión hacia la madre, que es el origen de su vida, y la inhibe en su interior.

Ante los sentimientos de culpa que alberga la niña, a causa de tanta deuda acumulada, acepta con alivio el rol en el que se obliga a sí misma a ser buenísima, obediente y sacrificada. Operará el mismo sistema para el ideal maternal, con lo cual madre e hija se mostrarán, en ocasiones, incapaces de expresar sus recíprocas frustraciones para no traicionar su propio ideal.

Esta dificultad de la mujer para canalizar hacia fuera la agresividad es probable que esté conectada con todo el sustrato emocional que configura las relaciones madre-hija, construidas en un coto cerrado de obligaciones y deberes recíprocos, en parte reales y en parte ideales, en el que la *sobreprotección* puede ser el origen de un caldo de cultivo de futuras conductas masoquistas, como se verá más adelante.

4

La relación entre las dos lunas

A lo largo de este siglo se han desarrollado diferentes teorías sobre las posibles causas de unas relaciones, a veces nada fáciles, entre la luna madre y la luna hija.

Freud pensaba que la niña no perdonaba a su madre que la hubiera hecho anatómicamente incompleta; Melanie Klein creía que el malestar partía de la *envidia* que la niña sentía hacia su madre, a quien percibía como inmensa desde su pequeñez. Otras autoras opinan que la raíz de la agresión hacia la madre se debe a que la niña cree que es ella, la madre, quien le impide *desprenderse* e *independizarse*.

Otros autores y otras autoras creen que a la madre le corresponde frustrar los *deseos imposibles de satisfacer* que la niña siente, entre ellos los de tener siempre a la madre con ella, a su entera disposición; ése sería el motivo por el que permanecerá tanto tiempo ligada a ella, a la espera de que le lleguen dichas gratificaciones.

Cuando se habla de los odios y del malestar de la niña pequeña hacia la madre, obviamente no se está dando a estas expresiones el mismo significado que se da en el mundo adulto, de la misma manera que los deseos sexuales infantiles no se pueden medir con los parámetros adultos. Lo cierto es que este primer período contiene todos los gérmenes y retiene todas las huellas de amor y odio que incidirán en la construcción de la personalidad de la mujer, sobre todo en el campo relacional.

Algunas de las historias personales que escuchamos parecen ejemplos directos de lo que señalan las teorías, pero la realidad siempre es más amplia y compleja, y los factores individuales amplían el material con el que hay que trabajar.

Me he encontrado con casos en los que la madre generaba malestar y problemas en la hija. En otros, era la hija quien se apoyaba en exceso en la madre en una relación claramente inmadura.

La relación madre-hija o madre-hijo es única, distinta de todas las demás. Las relaciones entre las dos lunas han marcado y aún marcan una parte muy importante del devenir de la mujer. Quizá por este motivo, cuando esta relación funciona bien sus efectos e influencias no son comparables con los de ninguna otra. El amor de la madre es una categoría de amor que se autoalimenta cuando es sublimado y no precisa la reciprocidad, tan importante en las demás relaciones.

El primer encuentro amoroso

El sexo de los hijos es un elemento importante para la madre. Se ha escrito mucho acerca de la incidencia de este factor en las respuestas emocionales que la madre experimenta ante este hecho, y habrá que aceptar, en consecuencia, que el género en sí mismo, sea masculino o femenino, es un detonante emocional.

En la literatura psicoanalítica se afirma que la mujer siente una satisfacción ilimitada ante el hijo varón. De todas las relaciones humanas, ésta sería la que está más libre de ambivalencias; el hijo varón es un ser distinto a ella. En cambio, la relación madre-hija es mucho más compleja; es una relación entre iguales en la que se hacen más evidentes los sentimientos contradictorios.

Como contrapartida a los sentimientos de la madre hacia el hijo varón, en la mayoría de las mujeres existen otros deseos, comprobables, como el de perpetuarse a sí mismas en la existencia de una hija, de un igual.

En realidad, madre e hija inician un viaje en el que ambas aprenden a comunicarse de forma desigual. La madre aprendió de la propia madre y de la vida, y eso es lo que transmite a la niña. Cada mujer guarda el recuerdo, alterado por la memoria, de cómo transcurrió la relación con su madre. Estos recuerdos, convertidos en creencias, condicionarán la vivencia de su propia maternidad. En la mente de cada mujer queda el recuerdo de lo que supuso en su infancia y en la vida adulta la vivencia de pertenecer a la madre, y es posible que ese recuerdo sea un elemento dominante, o no, y que condicione en un sentido o en otro su maternización.

Me he planteado muchas veces hasta qué punto sería cierta la afirmación de que para ser buena madre es preciso que la mujer se haya sentido buena hija, y aunque esto tal vez sea un referente pienso que las personas tenemos muchos recursos, que a veces ignoramos, que se activan cuando nos encontramos ante situaciones nuevas; de hecho, siempre tenemos la posibilidad de abrir nuevas ventanas a nuestra habitación particular.

Prolongar la dependencia

En el momento en que se corta el cordón umbilical termina la fusión física. Entonces se instala el cordón emocional, que conocemos como simbiosis afectiva, necesaria durante los tres primeros años de la infancia y no deseable una vez finalizada esta etapa. No todas las madres lo entienden así; hay quienes prolongan la unidad corporal en su relación con la hija y la trasladan a niveles mentales y emocionales, como si una fuera el eco de la otra. Estas madres *simbióticas* serían la expresión más clara de la *dominación afectiva*.

En este tipo de relación, la madre no puede separarse emocionalmente de la hija y ésta tampoco sabe cómo hacerlo. La hija experimenta un sentimiento semejante al de quedar herida e indefensa cuando intenta independizarse porque no ha aprendido a vivir desde sí misma; de hecho, cuando lo intenta se siente culpable, pues piensa que hace algo que no debe.

Hay madres que necesitan a su hija para sentir que tienen una identidad; no entienden que su hija no les pertenece. Sienten que su vida empieza a tener sentido gracias, precisamente, a esa «propiedad».

En la relación madre-hija no sólo cuenta la necesidad de la niña de poseer todo el tiempo a la madre, sino que también existe la misma creencia por parte de ésta. Si ella cree que al irse hará infeliz a la niña, es que no la concibe como un ser separado e individualizado, sino como una parte de sí misma.

Hay madres que estimulan el crecimiento intelectual de su hija para que sea independiente en el terreno económico y en el laboral, pero no le permiten crecer emocionalmente. Ocurre que la madre la sustituye en pequeñas y grandes cosas, aquellas que debería asumir la hija. En un determinado momento esa hija no podrá ni sabrá hacerlo porque la madre siempre la sustituyó y se encargó de hacer lo que a ella le correspondía.

Permanecerá ligada mentalmente a la madre, y mediante esa ligazón evitará enfrentarse al *vacío* que tiene dentro de sí por no haberse construido como persona completa desde ella misma.

Son madres que llegan a negar sus propias necesidades y deseos, que viven a través de las necesidades y los deseos de las hijas, confundiendo los propios con los de ellas.

Esto equivale, en lo profundo, a una usurpación de personalidad que en ocasiones tiene aspectos dramáticos. He presenciado situaciones que se asemejan a un ajuste de cuentas entre madre e hija, con recriminaciones de esta última porque, al parecer, no se había enterado de que ella era la responsable de su propia vida. Las supuestas equivocaciones o intromisiones de la madre, según los casos, se centrarían en la elección de profesión, de pareja o del lugar donde vivir. ¿Cómo pudo la madre sustituirla en decisiones tan personales? Entonces casi siempre hay que hablar de la pasividad de la hija.

En estos extremos se instala la confusión de la identidad, entre el tú y el yo. Esta confusión hace posible que la madre se identifique con la hija y que ésta desarrolle una identidad tambaleante que apenas puede ubicar, por falta de espacio y lugar.

Este estilo de relación se inicia ya en el nacimiento y se prolonga en la edad adulta, cuando se evidencia el trastorno en toda su crudeza.

En ocasiones me he encontrado con madres que de modo inconsciente coartan el acercamiento a la figura del padre, que se concreta con mensajes como: «Tu padre no se preocupa por ti» o «A tu padre no le importas nada». Cuando la hija recibe esta clase de verbalizaciones, puede que sienta que ella y su madre son la misma persona; aparecen juntas y confundidas en un mismo nivel.

En otras ocasiones la madre aprovecha elementos de la realidad para organizar este tipo de vínculos. Puede que el padre sea una persona que haya perdido interés por las dos, pero obviamente *no por los mismos motivos*. La madre debería ser muy cuidadosa y evitar confundir mentalmente a la hija con esta indiferenciación. Nunca representarán, la una y la otra, lo mismo en la mente del padre.

Otras veces es la misma madre quien provoca el desinterés del padre al alejarlo de la hija. Es el caso de la persona posesiva que necesita a la hija y al marido en exclusiva, pero por separado. Estas manipulaciones maternas pueden ocasionar conflictos en el futuro de las hijas en su relación con los hombres, puesto que el primer hombre con quien la niña conecta y se vincula es el padre. Esta relación establecerá un modelo que servirá en las posteriores relaciones con la figura masculina. Son conductas que conforman la llamada «simbiosis patológica», que expresa el convencimiento de que el otro o la otra no pueden vivir sin uno o una.

He conocido a pacientes en las que ni la independencia ni la autonomía tienen significados positivos. No experimentan ningún entusiasmo por conseguir aquello de lo que depende su bienestar. A veces, el origen de esto suele ser una madre depresiva o desconfiada que a causa de las propias vivencias es incapaz de entusiasmarse cuando ve que la hija se vincula a otras niñas o niños y/o actúa de manera distinta a como lo haría ella. Será interesante saber por qué la niña entra y permanece con tanta facilidad en estas relaciones anómalas.

En su fragilidad, la niña es insaciable en sus necesidades de dependencia y atención; dependencia de ese ser único para ella, la madre, de quien necesita recibir la confirmación de su existencia. Pero también sabemos que la niña es capaz de establecer otros vínculos con personas distintas a lo largo de su vida infantil.

Fruto de este tipo de vinculaciones, he encontrado a mujeres que, con esa experiencia en su infancia, al convertirse en madres estimulan precozmente la independencia de la hija o el hijo con un deseo: «No quiero que mis hijos tengan lo que tuve yo». Lo cual tiene su lógica, pero también sus riesgos, y el más evidente sería caer en el otro extremo.

Recuerdo a una mujer casada, con una hija de 5 años, que nos describió a su madre como alguien que vivía colgada de sus hombros desde que ella tenía memoria. Sentía que había gastado más energía en escapar de su control y de su intromisión que en vivir y en organizar su propia vida.

Le ocurrió algo que le hizo reflexionar: vino a verme por un comentario de las maestras de su hija. Le explicaron que la niña las buscaba para abrazarlas y para que ellas la besaran. Aquella noticia desmontó todos sus esquemas de educación: ¿cómo era posible que ella, que quería tanto a su hija, apareciera ante los ojos de las maestras como una madre insuficiente?

A causa de sus vivencias, actuó sin considerar las propias de la hija. Esta indiferenciación la condujo a anticipar el *destete emocional* de tal modo que la niña se dedicó a buscar el amor, que ella malinterpretó, en las maestras.

En la otra cara de la misma moneda he conocido a madres que se sienten desesperadas porque no son reconocidas por la hija o el hijo. Parece que no oyen ni entienden lo que la madre y el entorno les comunica; son niñas que no escuchan, como si su única vía de autoafirmación fuera su monólogo: lo que ellas quieren, lo que ellas dicen, lo que ellas hacen... Con esta actitud excluyen a la madre y a los demás miembros de la familia. Y la madre se pregunta si oyen, escuchan y entienden algo de lo que ella dice.

En estos casos la vida adulta de la niña podría desembocar en fracaso; ha perdido la oportunidad de sentirse unida y en sintonía en esa relación primaria y constitutiva. A causa de la exclusión de los otros, en especial de la madre, podría entrar en un ciclo negativo de no reconocimiento de sí misma ni de los demás. Podría caer en una rebeldía crónica cuyas raíces, a simple vista, no se entenderían, y acabar también en el polo opuesto: fusionarse con otro a causa de su intolerable vivencia de soledad.

Tanto en un caso como en el otro el sentimiento de soledad sería su acompañante. ¿Qué impidió a esta niña sintonizar y aceptar lo que la madre le transmitía? Desde la inseguridad de ser querida, aceptada y comprendida encontraríamos cantidad de variantes en cada caso particular. Ésa sería, por defecto, otra cara de la simbiosis afectiva.

A veces la luna nos muestra su cara más oscura; son noches en las que nos falta su luz y nos encontramos sin guía ni orientación en nuestro camino.

Aquí encajaría el caso de una mujer joven, de apenas 20 años, que me llegó a través de un psiquiatra que solicitaba un estudio de personalidad. La familia estaba preocupada porque la joven no aprobaba las materias que cursaba, aunque era inteligente, y, además, no tenía amigos ni amigas y menos aún un novio guapo y rico, como creían que se merecía.

Nada más conocerla llamaba la atención un marcado infantilismo en su modo de hablar, de pensar y moverse. Me explicó que su madre no la acompañaba porque desde hacía tiempo tenía problemas para andar... Le expliqué que no necesitaba ver a su madre, sólo ella y yo éramos necesarias para aquel trabajo.

Nunca habló desde ella misma durante las primeras sesiones, siempre lo hizo desde el pensamiento de la madre, fuera cual fuese el tema. Aunque la madre luna no estaba allí físicamente, ocupaba todo el espacio mental de la hija luna.

Como complemento a las sesiones, la madre empezó a telefonearnos a diario, con una pretensión encubierta: dirigir el trabajo clínico. Pero en vez de interesarse por su hija, el motivo de la consulta, sólo hablaba de sí misma, de lo guapa y atractiva que era en comparación con su hija, que, con todo, por ser descendiente suya, también lo era mucho. Todo aquel autobombo se mezclaba con sus ideas acerca de lo que yo tenía que hacer para ayudar a la joven.

Hacia la mitad del proceso, la hija mostró sus propios deseos y necesidades, que casi siempre chocaban con lo que su madre había programado para ella. Organicé con el psiquiatra un planteamiento terapéutico completo. Se trataría a la hija, al mismo tiempo que se ayudaría terapéuticamente a la madre, pieza fundamental de aquella situación de dominio patológico en la que ambas estaban atrapadas.

La hija se sentía culpable si salía con amigos, y ese sentimiento empeoraba si le preguntaban por su madre, que no siempre podía moverse. La sociedad fomentaba sentimientos de culpa en las mujeres que no se sacrificaban. El padre, según nos decían, se había desinteresado de la situación, y sólo se hacía cargo del gasto económico, muy elevado, sin poner ninguna objeción.

Por mi parte, tras muchas horas de trabajo clínico y organizativo, estaba contenta porque esperaba que las dos lunas, la luna madre y la luna hija, podrían al fin entrar en un nuevo ciclo relacional en el que, quizá, la luna creciente de la hija no sería vivida por la madre como una amenaza a su estatus personal, en el que aceptaría el suave andar de su luna menguante en relación con el más vigoroso propio de la creciente, que hasta aquel momento nunca dejó aflorar.

Esperábamos que tras cierto tiempo la madre respetaría la existencia de otro brillo junto a ella. Si era capaz de aceptar esa presencia, tal vez desviaría su interés hacia otras cosas que aliviaran aquel control. Se buscó la presencia de otra persona, a nivel terapéutico, para introducirla en un tipo de relación más amplio y distinto al tú o yo de las lunas en el que estaban inmersas.

Han pasado bastantes años y todavía recuerdo el asombro del psiquiatra y el mío cuando la madre nos dijo que había organizado otro sistema, paralelo al nuestro, pero desde ella misma y con otros profesionales. Pasó a ser la directora de la nueva situación, nos pagó y desapareció.

En vez de visitar a profesionales acreditados y responsables, acudió a pseudoprofesionales, a quienes hizo interpretar su guión. Recibí una llamada de una persona asustada, a quien la madre eligió como supuesta asistente social, que nos explicó que ella no pretendía usurpar ningún título, era simplemente una persona sin trabajo y con necesidad de ganar dinero para vivir, y que la madre le había ofrecido aquel trabajo. Explicó también que el supuesto nuevo psiquiatra no era tal, sino un señor que decía que practicaba un método de curación muy antiguo. Como vemos, no siempre triunfa Eros, porque Tánatos también existe.

Rivalidades

Recuerdo el caso de una mujer que acababa de cumplir los 30 años, que empezó diciendo: «Nunca he conseguido agradar a mi madre... Todo lo mío, hiciera lo que hiciera, nunca era suficientemente bueno o valioso para ella...». Se trataba, al parecer, de un rechazo muy sutil pero evidente.

La imposibilidad de obtener la complacencia de la madre y su aprobación marcó todo su aprendizaje. Afectó tanto a sus estudios como a sus relaciones personales, porque aquella inseguridad y la duda procedían de un mismo punto de referencia: su madre.

De manera subterránea, aquella mujer joven desarrolló un fuerte resentimiento hacia la figura materna que no podía expresar en el terreno emocional. ¿Cómo iba a odiar a su madre? El desgaste por encubrir aquellos sentimientos era alto. Cuando llegó a mi consulta era una persona atrapada en las dudas sobre su propia capacidad de amar, que no sabía si sería capaz de ofrecer algo bueno o valioso a los demás, que dudaba de la bondad de sus sentimientos, de sus ideas y de sus conductas.

El origen de todo ello estaba en la relación con su madre. Nunca tuvo el valor de decirle: «¿Por qué me tratas así?, ¿por qué parece que lo que hago no está nunca a la altura de lo que tú esperas de mí?». La agresión entre ambas era sutil y permanente.

No se atrevía porque temía las represalias de su madre o que ella le confirmara con claridad su insatisfacción. Así se creó un ambiguo lazo de amor y odio, tan ambiguo como lo eran las palabras entre las dos.

Aquella madre se había construido como persona basándose en una serie de idealizaciones. El yo ideal femenino y el yo ideal maternal siempre estaban presentes, y causaron muchos desencuentros entre las dos mujeres.

Detrás de estas conductas maternas se esconden sentimientos muy ambivalentes. Quieren a la hija, la cuidan, se desesperan porque no alcanza el nivel que querrían para ella... pero no soportan que sobresalga o consiga vivir de un modo más completo, rico en intereses y relaciones que el que ellas han conseguido en su vida.

En estas madres la base del problema es la envidia, que es negada y a veces ignorada a niveles conscientes, pero que se manifiesta a lo largo de la maternización. Esta falta de satisfacción respecto a todo lo que su hija hacía era expresión de su propia insatisfacción. Con una mano, la consciente, le decía: «Adelante...», mientras que con la otra, la inconsciente, el mensaje era: «Ni te atrevas». El odio inconsciente de una madre envidiosa, al ver que se le escapa la hija hacia un terreno que ella quiso y no pudo alcanzar, es muy fuerte.

Una parte de la vida de la hija se arruina, siempre que ella deje que se la arruinen. Durante muchos años la hija no tuvo conciencia de lo que estaba pasando.

La misma raíz en otro contexto

Otras madres se muestran orgullosas de haber hecho lo mejor para sus hijas, convencidas de que cumplieron con todo lo que le corresponde a una madre.

En muchos casos se observa que lo que más les importa es la satisfacción personal del deber cumplido. En tales ocasiones, no tienen en cuenta las consecuencias que ese deber cumplido puede tener para las hijas ni se preguntan si lo que transmiten a su hija es bueno o malo para ella.

Entonces suele fallar la autocrítica y también la capacidad de colocarse en el lugar de la hija para ver cómo es. Se confunde lo que es propio de una con lo que es propio de la otra. A veces atribuyen a la hija determinadas dificultades cuando, si la escucharan, descubrirían que el potencial real de la hija les transmite otra cosa. Se sabe que es difícil salir de nosotros y ser objetivos; la dificultad aumenta cuando se trata de la propia hija, porque, aunque cueste aceptarlo en realidad se trata de otra persona, con una sensibilidad y unas necesidades propias que la madre no siempre sabe reconocer.

En algunos casos se tiene la impresión de que estas madres, con problemas en su narcisismo, no toleran que se las invite a revisar su trayectoria maternal y personal. No pueden entender la realidad de modo distinto a como ellas la han entendido. Incluso hay quienes establecen alianzas con el yerno cuando la hija, según sus criterios, no hace lo que tiene que hacer, es decir, cuando actúa de forma distinta a como ellas le habían enseñado.

Las madres narcisistas no suelen captar las necesidades de la niña, más bien prescinden de gran parte de los *mensajes* que ella les envía y le dan lo que ellas «creen» que necesita. Esta falta real de sintonía entre las dos obliga a la niña a adaptarse a los modos de la madre, lo que genera una adaptación que conocemos como *camaleónica*. No son respuestas sentidas, son adaptaciones forzadas. La niña, paralelamente, mantiene su auténtica personalidad a la espera de encontrar alguien que la entienda y que de verdad sintonice con ella.

Ésa es una vía peligrosa. Como no madura todos sus deseos mediante el contraste con la realidad afectiva inmediata, es decir, la madre, cuando llegue a la vida adulta difícilmente encontrará a alguien capaz de satisfacer sus sueños de infancia, los que no fueron transformados en su momento en un intercambio afectivo real.

Las hijas de estas madres suelen buscar apoyo en la figura del padre. Esperan sentir que el cariño, la protección y la comprensión les llegan de un lugar firme y estable, aunque esto no siempre es posible a causa de la historia familiar.

Las situaciones que hemos mostrado poco tienen que ver con otras en las que la madre tiene un mundo de valores y estrategias para conseguir lo que desea que no coincide con el de la hija. Ocurre a menudo que la hija no comparte ni aquellas metas ni el sentido que la madre tiene de la vida. Pero si ha funcionado el respeto a las diferencias, en general las dos pueden convivir con la discrepancia y organizar sus vidas con independencia y sin culpa. El respeto y el verdadero amor es fruto del reconocimiento de la individualidad personal.

Los casos que he descrito corresponden a personas que decidieron verbalizar una serie de sentimientos en un contexto especial, el terapéutico, y eso nos ha permitido profundizar en el psiquismo materno-filial de una manera privilegiada. La función materna no es un hervidero de rivalidades y dominaciones, aunque estos elementos estén presentes en todos los seres humanos, sean madres o no; la gran diferencia reside en la intensidad y la frecuencia. Tras estas conductas, además de los rasgos señalados, siempre se esconden diversas ansiedades y miedos relacionados con la separación dentro del contexto que veremos a continuación.

Ansiedades, separaciones y soledad

Las situaciones de separación suelen despertar un tipo de ansiedad que no discrimina los sexos. Hombres y mujeres la experimentan por igual y la encontramos tanto en las separaciones significativas como en las cotidianas.

¿Qué supone la separación para que nos afecte tanto? ¿Cuál es el origen de esta reacción universal? Cuando nos separamos de alguien significativo para nosotros y experimentamos desazón, la causa suele ser el sentimiento de pérdida que se asocia al alejamiento de esa persona, un sentimiento presente en numerosas situaciones a lo largo de la vida entre madres e hijas. La despedida es significativa, pero también intervienen otros factores que van más allá de lo estrictamente personal, como es el lugar, las circunstancias y el momento personal en el que la separación ocurre.

Podría pensarse que esos modos de sentirnos unidos a personas y/o lugares conectan con vivencias profundas y lejanas, aquellas que pertenecerían al paraíso primario de nuestra infancia.

De hecho, lo que muchas veces se oculta en la ansiedad de la separación está emparentado con el sentimiento de soledad; ese sería el fantasma que bulle alrededor de las separaciones, aunque la soledad sea rica en versiones. Ante todo es una vivencia universal con múltiples significados, lo que la convierte en intransferible en lo personal. La soledad a la que hago referencia es especial e inconcreta, es una vivencia cuyos orígenes son lejanos en el tiempo, es un sentimiento infantil, primario, y sus raíces estarían en el nacimiento.

Esta soledad tiene que ver con el sentimiento de desprotección. Desde el nacimiento buscamos alguna protección que amortigüe el sentimiento de total invalidez que experimentan el niño y la niña.

La niña imagina a la madre como la persona que le dará todo lo que necesita, la que calmará sus necesidades y adivinará lo que no puede expresar, y así el *apego afectivo* va más allá que la necesidad de comida y cuidados. Es una amplia gama de emociones que vinculan a la niña con su ambiente afectivo.

Es innegable que la niña —también el niño— necesita buscar personas que la cuiden, la distraigan y jueguen con ella. Pero no sólo busca a la madre; también necesita muchas más personas a las cuales vincularse. La vinculación y la no vinculación afectiva tienen un origen interesado si sólo los contemplamos desde la biología. La suma de todo ello, de lo interesado y lo afectivo, hace que sea tan difícil separarse de la madre, quien, por su parte, no siempre estimula ni *da permiso*.

Vivir sin haber logrado una buena separación es como vivir realquilados en el cuerpo de la madre, a expensas de su cerebro y de su corazón, es decir, de su mente y de su mundo afectivo. La separación se logra a partir del momento en que tenemos casa propia. La casa, como imagen de nuestra identidad, se construye mediante aquellos pensamientos y sentimientos que reconocemos como propios, aunque ahí entraríamos en la situación del pez que se muerde la cola. Porque los elementos que nos permiten iniciar la separación se sustentan en la confianza que proviene de la misma madre, y ésta ha de permitir que creamos que su amor no se tambalea y permanece. Esta confianza o desconfianza en nuestras capacidades personales para el despegue proceden de los mensajes que ella nos envía, más que de nuestra capacidad de razonar. Si los mensajes se traducen en un *me quieren*, la niña se apoya y sustenta en esa confianza y siente que *puedo creer en mí misma*.

Apoyarse desde dentro en esa confianza afectiva es lo que nos permite afrontar mucho tiempo después la soledad con recursos suficientes, que actuarán como un pilar que nos sostiene y evitará derrumbes.

He conocido a hombres y mujeres que sólo con oír la palabra «soledad» se alteran y se ponen de mal humor. Cabría preguntarse qué niveles de autonomía personal han alcanzado, pues la autonomía desarma la soledad, le quita sustento. Cuanto más autónomos somos a nivel emocional, más preparados estamos para tolerar las inevitables irrupciones de soledad que en algún momento de nuestra vida aparecerán.

Las situaciones de soledad que se convierten en incontrolables tienen que ver con aquellos sentimientos de la infancia que surgieron como reacción de protesta por la insuficiente reafirmación afectiva que la madre y el ambiente proporcionaban. En estos casos, el desencuentro entre madre e hija provoca sentimientos de desafecto y desesperación, al menos por parte de la hija, que en su momento tal vez reviva cuando se convierta en madre.

Las madres no son responsables al ciento por ciento de esos sentimientos, pues la niña no sólo está en contacto con peligros externos, como la soledad física, la oscuridad, el ruido o las tormentas. También construye sus propios medios en ese contacto con la madre, el padre y el entorno. Cada niña tiene necesidades de distinto grado respecto a su reafirmación personal. También la madre proyecta en la relación sus recursos personales, que tal vez conozca, tal vez no, y en cada caso podrá valorar o no lo que ocurre entre ellas.

La manera en que resolvimos el problema referente al cómo y al cuándo nos separamos de la madre se reflejará en nuestra capacidad de reconocer a los otros y en cómo nos conectamos con ellos. Nuestra participación activa en la relación con el otro expresa, en lo esencial, el modo en que nos dimos a conocer a nuestra madre y cuán libres, espontáneos y seguros nos mostramos con ella, o todo lo contrario.

Quien no pudo colmar sus necesidades afectivas de reconocimiento personal en sus primeros años tiene más posibilidades de repetir este tipo de relación en las que construya en el futuro. Los tipos de madre que hemos citado reproducían *grosso modo* sus miedos a la separación y a la soledad, a veces de modo inconsciente, en la relación con sus hijas.

He elegido intencionadamente casos problemáticos entre madres e hijas porque están presentes en mi trabajo como psicóloga. Siempre he creído que lo que diferencia estos casos de los que no se consultan es la intensidad y la frecuencia de las emociones citadas. Gracias al seguimiento que hacemos dentro de este contexto podemos extender a las otras lunas, madres e hijas, una serie de conocimientos que nos ayudan a entender en un plano general estas complejas relaciones.

En ellas pesa más el paso del tiempo, porque cuando pensamos y creemos que todo el tiempo del mundo es nuestro, parece que obviamos la existencia de los límites; pero del paso de ese tiempo que creíamos ilimitado la hija se convierte en testigo, a veces cruel. En ese pasar, la hija luna creciente hace sentir a la madre, de algún modo, que algo de su luna llena empieza a decrecer. Tal vez se trate del primer aviso, y en él se hacen evidentes las limitaciones del tiempo y sus significados en nuestra corta vida.

La hija empieza a darse cuenta de que ella ya puede ser la nueva luna llena. Este juego de ciclos resume las alternativas en las relaciones afectivas entre madre e hija. Jóvenes las dos, pero en órbitas distintas, algunas madres se resisten a aceptar la llegada del nuevo ciclo en el que la hija sería vivida como rival y competidora. A la vez, algunas hijas aprovechan la pujanza de su luna creciente para agredir a la madre, la ignoran y la hieren al otorgarle una jubilación anticipada como luna-mujer. En ocasiones, en el deseo de la hija aquella madre luna llena queda reducida a una exigua luna menguante, casi luna oscura.

En ese no siempre mudo diálogo entre las dos lunas es importante la manera en que sintió la hija el reinado de la madre mientras fue indiscutible luna llena. Acabamos de describir un tipo de relaciones tensas y difíciles entre ambas lunas durante este período. Cada una vivía su ciclo de modo distinto, y no es infrecuente oír expresiones del tipo: «Pero mamá, cómo te compras esto si ya no tienes edad...» y, a la recíproca: «Pero hija, no seas ridícula, eso es para mí; tú no puedes ponértelo».

La belleza de la hija y su juventud real a veces se convierten en una contienda entre ambas mujeres. Aunque, a fin de cuentas, lo importante no son los aspectos externos, sino otros elementos de rivalidad y envidia que están presentes en todas las maternidades, bien diferenciados según la personalidad de cada una y sublimados en función de la capacidad de sentir gratitud y reconocimiento tanto por parte de la hija como de la madre.

Es un ciclo extremadamente complejo y difícil para muchas madres e hijas, porque ambas lunas están necesitadas de *reafirmación* personal.

Otras particulares caras de la luna

Algunas madres, al entrar en la fase de luna menguante, suelen quejarse del alejamiento de la hija, que, ahora sí, en la plenitud de la luna llena experimenta al ver menguar a la madre un inevitable malestar, que se traduciría en un incremento de cariño verdadero y/o compasivo, el deseo de devolverle aquello que, ¡al fin!, reconoce que recibió de la madre luna-llena hace tanto tiempo o, por el contrario, según la evolución de aquellos ciclos orbitales entre las dos lunas, en un sentimiento de luna oscura, es decir, aquella que aparentemente no tiene nada que dar ni nada que devolver.

El malestar afectivo y la preocupación que experimenta la hija al percibir el largo *adagio* que emite la luna menguante suele ir en dos direcciones: hacia sí misma, que a modo de señal le indica que no puede continuar aferrada a aquella imagen de madre-luna llena, sinónimo de fuerza y sostén, cuidadora de lunas crecientes. Por otra parte, a partir de ese momento de declive, la hija, verdadera luna llena, tendrá que empezar a sostener y a cuidar a la madre. También para la hija, ésa es la confirmación del fin de un ciclo.

Siempre surgen sentimientos nostálgicos alrededor de la pérdida de la propia infancia y la adolescencia, que nunca más volverán. Mientras la madre sostenía y ayudaba, la hija podía permitirse el lujo de jugar, de alternar alegremente la percepción de sí misma entre su luna creciente y su luna llena. A partir del momento en que percibe el *adagio* descubre que tendrá que aprender a cuidar a quien la cuidó, a dar a quien le dio. Este punto enlaza con el anterior porque la pérdida de algo estimula el nacimiento de lo nuevo.

Por su parte, la auténtica luna menguante se desliza en un duelo que no es brusco ni inesperado. La realidad le informa, día a día, de la llegada de ese duelo, que no es sorpresivo, aunque no por ello sea menos importante y difícil de digerir en ocasiones. La luna crece y decrece con suavidad. Desaparece y también renace pausadamente. Si estamos alerta, si somos conscientes, tendremos tiempo de percatarnos de aquello que sucede y de lo que no sucede, tiempo para anticiparnos mentalmente a lo que nos puede suceder.

El problema no suele residir en la constatación por las dos partes de los cambios inevitables y naturales, como los de la luna. El problema se halla en los significados emocionales que cada una de las lunas adjudica a esa historia relacional cuando ambas la rememoran.

En este ciclo lunar es inevitable hacer inventario de la historia afectiva entre madre e hija, inventario que dependerá en cada caso de cómo se construyeron los ciclos y/o de lo alterada que esté la memoria, como se verá en su momento.

Para ninguna de las dos mujeres es fácil afrontar esta etapa final de la luna menguante, de quien fue absoluta luna llena. Es la imagen de esa luna menguante la que anticipa a la hija lo que le podría suceder en el futuro. Ese futuro es percibido de manera distinta por ambas lunas; la madre simplemente acepta la suerte de poder vivir lo que está sucediendo.

En alguna ocasión he presenciado el deseo, razonado o no, de venganza por parte de la hija. Desea vengarse, ahora que puede, de mil agravios, de viejas deudas que están ahí, en la casilla del «debe» respecto a aquella madre que pasa a depender totalmente de la hija.

Quienes trabajan con las llamadas «personas de la tercera edad» tienen aquí largas historias que explicar. Es doloroso ver hijas luna-oscura, al igual que madres, vacías de afecto, de ternura y de generosidad.

En la vida afectiva casi nada aparece por generación espontánea, es decir, del puro vacío. Detrás de cada conducta se esconde alguna historia, que no siempre puede explicar lo que sucede en el presente.

Más allá de lo que cada historia en particular encierra, la hija que se convierte en luna-oscura tal vez ignore que no sólo la madre recibe esa sequedad afectiva. Al hacerlo, mata en sí misma su fuente de luz, se convierte a su vez en auténtica luna-oscura, tierra árida sin capacidad, al menos temporalmente, de vida afectiva.

5

Sufrir

En la literatura clásica, siglo a siglo, se ha asociado el componente masoquista a la mujer. Es innegable que durante mucho tiempo se ha creído que a las mujeres les tocaba sufrir... Es cierto que muchas llevaban una existencia en la que escaseaba bastante la alegría, pero tampoco el hombre se libraba de sufrimientos y no por ello se consideró el masoquismo como un factor esencial de su género.

Hace más de cien años que se discute acerca de las supuestas raíces masoquistas en la mujer y, transcurrido todo este tiempo, hasta el inicio del siglo XXI, todavía continúan las discusiones y aparecen nuevas investigaciones fruto de un trabajo de investigación.

El masoquismo, la otra cara del sadismo y la dominación, es representante del Tánatos, el instinto de muerte, que tiene su antídoto en el Eros, el potenciador de la vida y la supervivencia. La alternancia de estos elementos en nuestras vidas explica y define el tipo de relaciones afectivas que predomina en cada una de nosotras y de nosotros. Hace un siglo, el llamado «masoquismo femenino» se describía como un elemento ligado a la anatomía femenina, se consideraba como algo consustancial a la esencia de la mujer. Se distinguía de la perversión sexual masoquista en que este placer sexual está relacionado exclusivamente con la experiencia del dolor, tanto físico como psíquico.

Los elementos anatómicos de la mujer y el desarrollo de sus funciones sexuales tenían tal influencia sobre su psiquismo que eran considerados responsables del desarrollo de este cuadro.

Todo ello tiene que ver con la formación de la *autoestima*. Recordemos que Freud pensaba que la autoestima era «un asunto feo y complicado» en la niña que luego sería mujer. Han pasado muchos años desde que se dijo que la anatomía marcaba el destino, pero ninguna anatomía, por sí sola, puede decidir la vida de nadie. Lo que además de esa anatomía nos interesa es el medio desde el cual se transmiten los significados que se atribuyen al género y a sus funciones.

Cuando una mujer narra su vida, al referirse a sus primeras relaciones familiares casi siempre explica el tipo de relación que mantuvo con sus padres. Por eso consideramos tan esencial e influyente este período de su vida, aunque ella no tenga conciencia de estas repercusiones.

El aprendizaje que la niña absorbe en los primeros tiempos tanto en cabeza ajena, por la conducta de los padres, como en la propia le sirve para conocer los diferentes modos de lograr amor y reconocimiento. Sin ello no puede sentirse feliz. La mayoría de estos aprendizajes son bastante aceptables e incluso muy buenos. A veces, aun dentro de los aceptables o los buenos, se «cuelan» ciertos ramalazos nada sanos que la niña se ve obligada a padecer y aguantar para sentirse aceptada. Como consecuencia se vería obligada a vivir una serie de experiencias negativas y frustrantes que le llegarían de distintas maneras, mediante agresiones físicas y/o afectivas. Podría tolerarlos y sufrir a cambio de no perder el ligamen afectivo que la une a su madre y a su padre y/o a otros miembros de la familia.

Conozco a niñas que han vivido un desorden alimenticio en el que a veces la comida no llegaba a tiempo. Pasaban horas en las que el hambre no sólo era física, sino también amorosa..., mientras que a continuación la comida y la dedicación eran excesivas.

Hay otras en las que las horas de comer se asocian a una especie de sobresalto. Los padres aprovechaban aquellos encuentros para echarse en cara toda clase de reproches, más o menos los mismos cada día. A ellas, a las niñas, se les encogía el estómago, y también el corazón. Aquel alimento-afecto que ingerían se transformaba en su mente en una mezcla de veneno y desaliento. Entonces, a pesar de su malestar, llegaron a considerar aquel modo de vivir como algo inevitable, algo por lo que había que pasar en una relación familiar. Ni siquiera pensaron que otras niñas, por ejemplo sus amigas, vivían de modo distinto al suyo.

Por parte de los padres hay varios motivos que explicarían esta situación, entre otros la dificultad de esos padres de aceptar y asumir el rol parental o sexual que les es propio. Esta dificultad personal se exacerba en el momento en que aparece un tercero o una tercera, es decir, los hijos. Son ellos quienes acaparan o reclaman la atención y la definición de los afectos.

Todas y todos conocemos a padres que despiertan nuestra crítica y rechazo. Son padres que no dan la respuesta adecuada a lo que los hijos piden. Lo hacen porque las necesidades de sus hijos tienen que ver con aquella problemática que ellos no han solucionado en sí mismos. Entonces, en lugar de dar la respuesta adecuada muestran malestar y, a menudo, agresividad, maltrato.

Este maltrato es consecuencia de una necesidad insatisfecha o de una desorientación en cuanto al rol que deben asumir. En muchos casos, estos padres intentan salir adelante con los únicos recursos que tienen, que por lo general consisten en agresiones y/o recompensas exageradas, que llenan de desconcierto a la hija o al hijo. Cuando esto sucede, los padres propician la distorsión de un tipo de relación en la que se confunden los motivos del castigo y/o de la gratificación.

Una vez se ha instaurado esta vía, en la que para sentirse querida, para obtener el cariño que necesita, la niña se ve obligada a tolerar o recibir malos tratos o agresiones fuera de lugar, será difícil modificarla. El aprendizaje que se ha instalado es patológico. No sería de extrañar que ese patrón se reprodujera en su vida adulta. Lo veremos cuando tratemos la dominación.

En nuestro país, como por desgracia ocurre en otros, los malos tratos y los sadismos de diverso tipo están a la orden del día. A niveles reales, no parece que las cosas hayan cambiado mucho desde la época de Sigmund Freud. En cambio, sí ha cambiado el modo de entender el origen de los malos tratos, así como la interpretación que damos a los complejos elementos que en ellos intervienen. De ello hablaré a continuación.

Cuando se piensa en el masoquismo es inevitable pensar en el sadismo. Y eso, en lenguaje más sencillo, equivale a hablar en términos del que se somete y el que domina.

Se podría decir que la dominación, la dominación amorosa, ya empieza en la cuna. Mediante el amor que la madre nos da a través de sus cuidados y su dedicación, podemos sobrevivir tras el nacimiento. Esto permite que se construya un cordón umbilical invisible en forma de manos afectivas que atan y diseñan los estilos de relación que se desarrollarán a lo largo de nuestra vida.

A partir de este hecho inevitable iremos conociendo diferentes clases de dominación a lo largo de nuestra existencia, lo cual no quiere decir que nos convirtamos en el objeto de la dominación de otros. Significa que pasamos por aprendizajes en los que la dominación afectiva está presente, aunque esa dominación también es intercambiable y placentera. Por otra parte, el niño y la niña dominan emocionalmente a la madre.

Por sí solos, estos ensayos no nos convierten en masoquistas. La estrecha vinculación afectiva que la madre desarrolla con la hija o el hijo le permite adivinar cambios en su salud antes de que aparezcan síntomas médicos. De algún modo, eso supone no desprenderse del hijo o la hija durante, casi, las veinticuatro horas del día. Por su parte, el niño o la niña se esfuerzan en complacer a la madre para captar su atención y su amor mediante los limitados medios de que disponen: las risas, los gritos y los movimientos de alegría.

La dominación

La dominación amorosa se ejerce para conseguir la reafirmación personal. Basta una observación cotidiana de cualquier tipo de relación entre padres e hijos o entre parejas para comprobar que todos ellos intentan asegurarse de que sus consejos, sus gustos y sus ideas son respetados y aceptados. Más aún, que son llevados a la práctica por aquellos con quienes comparten relación.

Frases en tono amable como «Es que me tienes dominado...», «Es que sólo hago lo que me dices...» se pronuncian con la intención de complacer la necesidad de seguridad afectiva de las personas a las que van dirigidas. Esa necesidad anida en todos nosotros. Son reafirmaciones que funcionan como antídotos de la inquietud acerca de las pertenencias emocionales.

Todas y todos distinguimos aquellos niveles que comúnmente llamamos sanos de los que no lo son. Lo que ocurre es que en la vida cotidiana se alternan y se mezclan, a veces de modo sutil, a veces más groseramente, niveles sanos con otros que no lo son tanto.

Las relaciones entre madres e hijas no son una excepción por lo que respecta a este tipo de conductas. Entre ellas encontramos toda clase de lunas: las que son pertinentes y aquellas que no corresponderían. Intentaremos reflexionar un poco sobre estas lunas.

Para «experimentar» el masoquismo se necesita a un dominador, a alguien capaz de avasallar a otra persona. Acerquémonos un poco a esta figura desde la comprensión psicológica.

¿Qué es lo que, desde lo más profundo, mueve a aquel que avasalla? Pienso que tal vez sea el miedo, miedo a no estar a la altura de lo que cada circunstancia exige: en la madre y/o en el padre, el hecho de no ser aceptados y respetados; en la pareja, el de ser abandonada/o o el de padecer desamor, desconsideración, etc. Las raíces que alimentan este miedo serían la falta de confianza en lo que se espera y se necesita que acontezca en cada uno de estos casos.

¿Qué rasgos se atribuirían a la persona dominadora? Siendo consecuentes con lo dicho, sería alguien que experimenta una gran inseguridad. Esta percepción resulta bastante contradictoria con la definición dada más arriba, pero si se piensa bien se verá que no hay tal antagonismo. El dominador, o la dominadora, es alguien que evidencia profundas dudas de que será reconocido o reconocida como persona cuando se mueve en términos de igualdad.

El dominador no soporta la igualdad a causa de su profunda inseguridad. Cuando la desigualdad se introduce en nuestras relaciones íntimas y personales, expresa el intento de encontrar una vía de salida para encubrir, más que para «resolver», algunas de las asignaturas pendientes, las relacionadas con nuestras incapacidades.

En cada caso existen necesidades encubiertas, necesidades inconscientes en cada uno de los *partenaires*. Si no fuera así, no sería posible entender que se establezcan y se mantengan a nivel privado estos tipos de relación, que, *per se*, son la negación de lo que entendemos por un buen vínculo, tanto en una relación humana simple como en una relación afectiva.

Creo que deberíamos seguir pensando en cuáles pueden ser las necesidades de aquel que no permite otros modos de relación que no sean los propios de la dominación.

Aparentemente, lo que él o ella evitan es depender de la otra persona. Así que, de momento, pensaría que el dominador, además de ser un gran inseguro, es un gran dependiente. Es alguien que estaría muy lejos de aprobar la asignatura de aquello que llamamos «ser adulto». Para el dominador resulta imprescindible el dominado, para que él o ella le ayuden a mantener su precario equilibrio, y de esta forma su vida tenga sentido.

Necesitan al otro o a la otra como rehén que, al menos en sus fantasías, los mantenga a salvo de la toma de conciencia de sus grandes inseguridades y dependencias. Negar la dependencia *dependiendo* del otro sería una incongruencia, pero ésas son las bases sobre las que se organizaría esta clase de relaciones.

Dominar se convierte en una necesidad: se domina para sobrevivir. Esta dominación la vemos escenificada en distintos ámbitos de la realidad humana. Hay un gran muestrario: la dominación política, la religiosa, la económica... Aunque los motivos sean distintos en apariencia, la finalidad suele ser la misma. Los mecanismos y las finalidades, si no los mismos, al menos sí son similares.

El mismo sistema se repite en distintos casos. Reafirmar mediante diversas técnicas para no poner en peligro aquello que sustenta. Si no se consigue se corre el riesgo de pasar a depender de lo que otro dominador logre implantar. El otro dominador sería, simplemente, alguien que piense y sienta de modo distinto y que también desee imponer su sentir y su pensar. Nunca mediante el diálogo, que sería lo que corresponde a los adultos, sino mediante la dominación, que corresponde a lo primitivo.

Estoy describiendo un mundo de poder, no un mundo de amor. Empezamos señalando la cuna como el primer modelo de dominación recíproca que se construye basándose en el amor. Ahí podría estar el origen de otros modelos que, por distorsión de la primitiva relación, alcanzarían niveles de crueldad inmensa.

En el modelo original entre hijo o hija y madre se dan varias diferencias, a las que con el tiempo se añadirían otras nuevas que no tienen que ver con el original. La lucha para no depender, que equivale a poder ser, es una lucha cotidiana, unas veces consciente y otras no. No sabría decir qué resulta más tremendo, si depender de otro para ser, con todo lo que esto tiene de impotencia, o bien instalarse en la dominación de otro para negar esa dependencia. Aparte de estos estilos, existen otras alternativas para vivir en pareja de forma más sana.

Obviamente, estoy describiendo estilos de relaciones patológicas que, como siempre, nos sirven de modelo referencial para entender lo que ocurre en planos más evolucionados. Hay más colores que el rojo puro chillón y el rojo primitivo; hay toda una gama de matices.

La dominación emocional no sana podría tener su base en determinados tipos de relación que se establecen entre madres e hijas, aunque es posible que ni las unas ni las otras piensen en términos de lo que denominamos «una relación sadomasoquista».

Me refiero al estilo de relación que reproducimos en nuestras relaciones más significativas, en las que aflora nuestra parte más auténtica, lo más genuino de nosotros. Ahí, sin apenas darnos cuenta, reproducimos aquellas formas de relación afectiva en las que la madre tuvo tanta importancia.

Podría citar varios casos que reproducen ejemplos sadomasoquistas entre madres e hijas. Elijo el de una mujer de 30 años que me visitó porque desde hacía mucho tiempo la situación familiar la sobrepasaba. Desde que tenía 8 años, su madre le había hecho depositaria de un secreto: si el padre la abandonaba, ella se suicidaría. Cada vez que el padre de la paciente amenazara con dejarla, la madre anunciaría su intención. No comunicó esa intención suicida al otro hijo, sólo a su hija. Ella se convirtió en su depositaria, en la depositaria de un horror. A partir de ahí, en esa niña empezaron a desencadenarse angustias que cristalizaron en unos modos de organizar la vida que poco tenían que ver con lo que entendemos por «vida».

La paciente «sintió» que no podía fallar a su madre. La madre tenía que confiar absolutamente en la fidelidad incondicional de su hija. En consecuencia, la vida de la madre dependía de la fidelidad y la entrega de aquélla. ¿Cómo se compaginaron a nivel práctico todas estas equivocadas creencias de la hija acerca de sus supuestas obligaciones hacia su madre?

Dieron lugar a un sentimiento de culpabilidad en el que la niña no tenía arte ni parte. Esta distorsión nació a partir del momento en que la madre depositó en ella su secreto, pues se sintió corresponsable del abandono del padre y con ello hipotecó su independencia y su vida. Si viajaba, si compartía su afecto con amigos, con su pareja, si le restaba atención, su madre empezaba a dar señales de malestar, de depresión. Y lanzaba «cariñosos» avisos: «Disfruta tú que puedes; a mí ya me da igual irme de este mundo...».

En este caso, el poder de la dominación no se ejercía desde la agresión directa, sino desde una aparente dependencia y un sometimiento de la madre a la voluntad de lo que la hija quisiera hacer. Parecía que la vida o la muerte de aquella mujer estuviera en manos de su hija. La agresión que experimentaba contra su madre era indecible: cuando se refería a ella, en sus palabras siempre había tintes de rabia u odio. Aquellos eran los sentimientos que en lo más profundo de sí experimentaba hacia su «frágil» madre.

En estos casos no hay sexo, no se trata de parejas sexuales, pero se ha establecido una tortura amorosa entre dos personas que, unidas por el vínculo más primario, no encontraron otro camino para la separación. ¿Acaso la hija no podía encontrar otras respuestas ante aquel secreto-amenaza de suicidio? Obviamente, había otras salidas.

A esa mujer el chantaje no le funcionó con el marido. Por alguna razón que desconozco, tampoco lo traspasó al hijo. Se trataría de un tipo de relación enclaustrada, sin salida aparente. Tal vez esa madre no pudo separarse de la suya, que quizá siempre necesitó tener a alguien pendiente de ella, estar ligada a otra persona para sentirse sostenida por ese alguien y no por sí misma. Son situaciones límite en las cuales poco importan los medios que se utilizan para conseguir los fines que se necesitan. La hija, al menos, se plantó y dijo basta en un momento de su vida, aunque pidió ayuda terapéutica.

En este caso la madre necesitaba ser siempre la luna llena de la hija. En lo más profundo de sí no había lugar para aceptar el crecimiento de la hija. Ésta permitió que su luna creciente quedara inmovilizada a causa de la dominación ejercida por su madre.

Hablo del masoquismo unido a la dominación e intento comprender sus significados más primarios, lo cual me plantea las siguientes preguntas: ¿qué significa el masoquismo dentro de la necesidad de reconocimiento de nuestra persona? ¿Es posible esperar el reconocimiento en una situación de humillación? Creo que deberíamos responder a estos interrogantes.

Empezaré por el primero: los masoquismos no son sólo resultado de las acciones de la llamada «cultura reductora», como piensan los culturalistas, sino que también expresan profundos deseos de sometimiento a un dueño o a una dueña. Estos estilos de relación-dominación se manifiestan en diversas magnitudes y en escenarios muy distintos, como veremos.

Hay parejas en las que predomina una relación bastante adulta, excepto en ámbitos en los que se ha instalado de modo sorprendente la dominación, lo cual a veces rompe el equilibrio. Otras parejas consiguen de entrada pactar y adjudicarse las áreas de poder. Establecen la relación-dominación en un equilibrio bastante estable. Hay otras, en cambio, en las que la tónica relacional pasa por la dominación. Estas parejas suelen acudir antes al abogado que al psicólogo. En otros casos, uno de ellos o los dos van directamente en busca de ayuda terapéutica.

Cuando este tipo de relaciones se materializa, con toda la secuela de malestar que produce, solemos preguntarnos cómo es posible que esa persona acepte formar parte activa de dicho juego, un juego, por cierto, que podría calificarse como insano e incluso como destructor. ¿Cómo debe verse a sí misma la persona que acepta este trato, ese malvivir?

Si imagináramos cómo se percibe a sí misma, tal vez descubriríamos un monólogo parecido a éste: «Si tú me eliges para someterme es porque yo soy alguien para ti, alguien que te es imprescindible, y, al hacerlo, al menos me permites sentir que soy y que existo». En estos casos se suele obtener el reconocimiento mediante la disolución de la individualidad. ¿Qué es, en esencia, lo que está enfermo en este planteamiento? Diría que es la *autoestima*.

Hablo del masoquismo en la mujer, a la que me referiré en exclusiva. Así pues, hay motivos para creer que en la mujer la organización de la autoestima es una tarea compleja a causa de los elementos que en ella intervienen. Recordaré que Freud lo consideraba un asunto feo y complicado.

Estoy totalmente de acuerdo en que es complicado, pero muy lejos de pensar que es feo. Diría, más bien, que es esencialmente movilizante. La autoestima femenina se organiza estímulo tras estímulo, desafío tras desafío. En muchos aspectos es una marcha impredecible, tanto como los significados que la mujer asigna a su anatomía. Así que, cuando la autoestima está enferma, ¿qué le ha sucedido a la mujer?

Es posible que esto ocurra porque haya sufrido una serie de heridas interiores profundas que se manifiestan en un tipo de vivencias penosas. Estas vivencias se traducen en una incapacidad parcial o total de conseguir el reconocimiento de la propia existencia *per se*, así como para obtener un lugar en la vida.

Esto tal vez empezó en los primeros meses y en los primeros años de su vida. Puede que se iniciara en la propia familia y a continuación se configurara en el mundo de la pareja.

¿Qué nos dicen a través de su comportamiento aquellas personas que establecen relaciones de total dependencia? Con su actitud nos informan de que necesitan y esperan que la autoestima les llegue de la mano de otro. Eso sugiere varias cosas, entre ellas el hecho de que suelen atribuir al otro unas capacidades que no encuentran en sí mismas. Piensan y sienten que el otro está por encima de ellas.

Para las personas ubicadas en esta dependencia tan marcada, parece que el otro o la otra se perciben como seres a quienes se les atribuyen, en la fantasía, poder y magia, como el encanto que se atribuye a la luna llena. ¿Qué se busca en esta clase de alianzas? ¿Qué motivos conducen a las mujeres a colocarse junto a un hombre que no respeta su persona? ¿Para que les dé un lugar? ¿Por qué las mujeres han esperado del hombre ese lugar? ¿Qué ha ocurrido para creer que el hombre otorgaba o negaba los lugares?

¿De dónde procede ese sentir? ¿Es ese sentir el sustituto de otra fantasía, de alguna fantasía primaria? Porque en la época en la que dominan las fantasías, la imagen que se siente como omnipotente no es el hombre, sino la madre. Entonces, ¿a qué se debe el cambio que esa mujer presenta? ¿Es una mezcla de realidades y fantasías?

Porque si hablamos de niveles reales sabemos que el hombre es el que ha repartido y todavía reparte lugares. Por otra parte, la madre, en la fantasía del niño y la niña, aparece como una figura poderosa como sólo pueden serlo aquellos seres creados en la imaginación. El niño lucha para arrebatarle ese poder y así ser él mismo. Si esa dinámica no evoluciona y persiste a modo de fijación, ¿se podría pensar que sería uno de los orígenes del sadismo en el hombre? Por su parte, las niñas también mantienen una lucha con la madre de la infancia para alcanzar idéntica finalidad: ser ellas mismas.

¿Qué tipo de fantasías reviven las mujeres que se someten al hombre? ¿Sometimiento amoroso a la madre o al padre? Se sabe que, simbólicamente, el sádico pega para salir victorioso. ¿Se deja pegar la masoquista para fundirse con la madre o para someterse al padre? Entonces, ¿dónde buscar la semilla de la sumisión? ¿Qué es lo que ocurre para que las mujeres, en general, prefieran someterse al hombre, que representa al padre, en vez de seguir fieles a la madre? Profundizaré en ello poco a poco.

Iniciaré la exposición desde una perspectiva actual planteando la cuestión de si el masoquismo forma parte de la esencia de la mujer, como aseguraba Freud, o si esa idea es *consecuencia* de las fuerzas socioculturales que marcarían e incidirían en el desarrollo de las niñas.

De ser así, ¿el yo ideal de la niña conduciría posteriormente hacia el masoquismo? En caso afirmativo, ¿señala ese yo ideal a la niña el modo de entender y sentir?, ¿se ha repetido esta circunstancia generación tras generación, en una y en otra cultura?

Entiendo por «yo ideal» un conjunto de aspiraciones y deseos referido a nuestra identidad, que es difícilmente asequible a niveles reales, pero que está presente en la mente sin que tengamos clara conciencia de ello.

A veces mis pacientes me dicen: «Ya sé que soy muy exigente, muy perfeccionista... me cuesta estar contenta con lo que hago, siempre pienso que podría hacer más...». Por lo general, no se sabe bien cuáles son esas cosas que no hacemos bien o que podríamos hacer mejor. Cuando la exigencia corresponde a un ideal, es inútil esperar satisfacción en lo que se hace, pues lo real nunca coincidirá con lo ideal.

Abordar los orígenes y las causas del masoquismo es una tarea muy compleja ya en su inicio. En el masoquismo coexisten, entremezclados, varios componentes, algunos de los cuales son de naturaleza y origen distinto.

Desde la sociedad se promocionaba que la mujer planteara escasas exigencias personales. Un conformismo vital, excepto aquel que se refiere a la maternidad y al cuidado de la casa. A eso se llamaba estar bien adaptada, y tal vez a la mujer que lo aceptaba sin más deberíamos llamarla «aspirante a masoquista». Desde el punto de vista clínico, la aceptación de esa cadena de carencias nos parece una entrega sin condiciones a lo que hay de esencial en todo ser humano. Parece que durante siglos esto no se consideró así.

Estoy convencida de que hay mucho de sublimación en el desarrollo de la vida afectiva de las mujeres, pero no masoquismo. Hay que pensar que el mecanismo de sublimación, la posibilidad de sustituir la satisfacción primaria por otra, no siempre está presente ni siempre es alcanzable psíquicamente. No todos disponen de esos recursos necesarios ni siempre la elección de la satisfacción sustitutoria es correcta. Si no produce satisfacción, produce lo contrario.

¿Qué podía ocurrir cuando la sublimación no era posible? ¿Se hallarían ahí, tal vez, algunas de las razones de las peculiares agresiones y envidias que se manifestaban en las mujeres? Tanto las que se manifestaban entre ellas como las expresadas en relación con la sociedad en general.

Es posible que las consecuencias del fracaso del mecanismo de sublimación se desarrollaran de manera especial, dado que las mujeres no tenían o no tienen más remedio que reproducirse, puesto que podían o no elegir otra vía de autoafirmación que aquella que la biología les regala o les escamotea.

Para entender el tan debatido y teórico masoquismo femenino, las indagaciones deberían orientarse hacia tres puntos fundamentales en la vida de la mujer: *la dependencia, la agresividad* y *la creatividad*. Se debería considerar la presencia y/o la ausencia de esos elementos en el desarrollo de la vida de las niñas y de las mujeres. A partir de ahí dispondríamos de nuevos datos objetivos que cada mujer podría utilizar para hacerse preguntas y responderse con honestidad. Así sabríamos bastante más al respecto.

Muchas nos hemos preguntado cómo debieron sentirse, en la época victoriana, las mujeres que encontraban «placer» en el dolor..., según han escrito tantos autores en crónicas y otras obras. ¿Tan pocos placeres eran accesibles a las mujeres de aquella época? ¿Se conformaban con experimentar el dolor porque existía un muro que cerraba otros caminos sociales? Hoy, todos aquellos aspectos que Freud y sus discípulos describían configuran un retrato impagable para mantener el recuerdo en la memoria y unirlo al conocimiento de la mujer en la sociedad occidental a principios del siglo XX y más allá de la mitad del mismo.

Quienes piensan que los elementos culturales conforman a los seres humanos tienen en estos hechos, aparentemente, una buena confirmación de ello. Lo que ocurre es que el ser humano es mucho más complejo y por eso el culturalismo resulta insuficiente cuando pretende dar una explicación única.

Cuando Freud describía a la niña, esa perdedora nata, según él, parece que olvidaba que en la infancia por «perder», perdemos todos. Tanto los niños como las niñas tienen sentimientos de insuficiencia y de inferioridad. No son fantasías; esas vivencias se construyen sobre realidades incontestables. El niño pierde ante el padre cuando se compara en tamaño con él. También siente su pequeñez ante la madre, abastecedora de todo. No hay duda de que experimenta su correspondiente dosis de envidia e indefensión.

Pero estos supuestos «traumas» no eran, según el parecer de Freud, el origen del sadismo en el hombre.

Abrir ventanas

Tal como históricamente transcurrieron las cosas, no era fácil distinguir el masoquismo de la esencia de feminidad. Pero cuando se añaden otros elementos, antaño ausentes y que ahora describiré, esa dificultad queda desactivada.

En la actualidad no se pone el acento en lo biológico para justificar este concepto, sino en el ámbito relacional, aquel que forman la madre, el padre y la hija, pues se sabe hasta qué punto este ámbito es determinante.

Este enfoque es aplicable tanto a los hombres como a las mujeres, pero tiene gran trascendencia en el caso de las mujeres. Para ellas las relaciones más primarias, las que se establecen con la madre, son muy particulares, y se ha comprobado cuán diferentes son las consecuencias de esas circunstancias en el caso de los hombres.

Una habitación puede ser pequeña o grande, estar mejor o peor diseñada, pero si no tiene al menos una ventana, algún espacio que permita la entrada y salida de aire, luz, calor y frío, se la considerará una habitación inútil, un espacio perdido.

A modo de metáfora, en cierto modo la vida de las mujeres se asemejó bastante a esa habitación sin ventanas. Durante siglos, tanto en los niveles cotidianos como en los profundos, excepto en la literatura caballeresca, las mujeres vivieron excesivamente alejadas del ojo público, aunque ese mismo ojo público no mostraba gran interés por mirarlas, del mismo modo que ellas no lo mostraban por salir del gineceo familiar, en el que la relación entre madres e hijas carecía de oxígeno, de ventanas desde las que incorporar el paisaje y desde las que mostrarse.

Recuerdo un viaje por los países árabes. El guía nos mostró la fachada principal de un palacio y en cierto momento dijo:

«Miren: ¿ven esas rendijas verticales situadas entre esos cuerpos salientes? ¿Saben qué son? Son las ventanas. Desde ellas las mujeres de palacio miraban la vida que transcurría en el exterior. Ellas veían todo lo que pasaba por la plaza y los de fuera no podían verlas».

Aquello me hizo reflexionar; me pregunté si todo lo que aquellas mujeres sabían de la vida se resumía en imágenes y representaciones formales. Si todo consistía en ver pasar esas imágenes, sin formar parte real y activa entre ellas, entonces no sabían en qué consistía vivir. Quizás el guía, como ellas, confundía el poder que tiene la imaginación partiendo de unas figuras con la fuerza que se necesita para ser una de esas figuras, las que conforman el paisaje humano.

Pienso que todavía necesitamos incorporar muchas ventanas para que desde el ojo público se conozca y reconozca a la mujer, que no a la madre. Y hacerlo también desde nosotras mismas, para visualizarnos de nuevo, ayudadas por la luz y el aire que cada día entra y sale por las ventanas que hemos ido abriendo en el antiguo claustro-gineceo.

A vueltas con nuestra biología

Me pregunto si los acontecimientos biológicos femeninos (la regla, los embarazos, los partos), presentes en potencia en todas las mujeres, serán los factores que prepararán a la niña para aceptar un rol masoquista. Además, nuestra cultura se encargaría de reforzar esta idea cuando expresa que «hay que aprender desde pequeña a sufrir... aguanta, no te rebeles, porque si lo haces será peor, ya que inevitablemente las cosas son así». Todo ello se consolidaría gracias a *los modelos maternos*, que la niña encontraba y todavía encuentra en otras culturas —piénsese en la ablación del clítoris— en su proceso de identificación.

Si los factores descritos como masoquistas y otros similares los encontramos en el sustrato de la asunción de maternidades, pienso que tendrían que entenderse como elementos de patología y no como características psíquicas del género femenino.

El hecho de que haya mujeres —y sus circunstancias— que desarrollen este proceso entraría dentro del apartado de las individualidades.

A lo largo de los años se han ido rechazando todas aquellas opiniones, tan íntimamente ligadas a la anatomía de la mujer, sobre el psiquismo femenino. Poco a poco se han observado metódicamente las diferencias que se daban en la *crianza* y la *educación* de las niñas en relación con los niños. El factor madre tenía y tiene una gran importancia. Se ha analizado el tipo de modelo que imperaba respecto a la madre a lo largo de muchos siglos de historia.

En el planteamiento psicoanalítico, el masoquismo es un componente psíquico. En estas páginas deberíamos diferenciar lo que es instintivo, que los culturalistas no contemplan suficientemente, de lo que es defensivo y adaptativo, es decir, más cultural.

Ciertamente, los proyectos y las perspectivas de vida de las mujeres, hasta hace pocos años, no eran ni muy alegres ni excitantes. Muchas morían en el parto y la mortalidad infantil era alta, y eso significaba dolor y nuevas maternidades. En tiempos todavía cercanos, la vida cotidiana de una mujer no era precisamente sinónimo de fiesta y sus alternativas eran pocas. Todavía lo son en muchos casos, pero todos esos elementos son culturales, por lo que son insuficientes para penetrar hasta el fondo del psiquismo femenino.

Dichos elementos no explican por sí solos por qué en una misma cultura unos reaccionan de una manera y otros de otra. Cada persona tiene dentro de sí un amplio abanico de respuestas a las que ha ido adjudicando distintos significados emocionales. Así, ante la presencia de ciertos estímulos o la falta de alguno de ellos, cada cual puede elegir una vía de salida, varias de ellas o ninguna. Al fin y al cabo, las significaciones afectivas, conscientes o inconscientes, siempre son las que tienen el poder decisorio dentro de las realidades de cada ser humano.

El modelo de una madre que hoy nos parece rematadamente masoquista y sometida era el más ensalzado y recomendado hasta no hace demasiados años. La modestia y la pasividad eran virtudes femeninas. ¿Alguien puede creerse que éstos son elementos innatos del psiquismo femenino?

Me pregunto si las mujeres eran sólo víctimas de sus imposiciones sociales o si también ellas, en distinta medida, fueron cómplices de esa situación. No olvidemos que el masoquismo se utilizaba para seducir al agresor. El masoquismo era y es el arma de los débiles. El arte de sobrevivir, presente en los dos géneros, ha permitido a las mujeres canalizarlo. Posiblemente las mujeres descubrieron que les era más rentable bailar al son que les tocaban, pues si al reproducir el rol masoquista obtenían mayores beneficios resultaba comprensible, aunque no recomendable, que lo hicieran suyo.

No hay que olvidar que actuar no es ser, por lo que desde ese enfoque se podría entender el masoquismo como un mecanismo de defensa. Este dato puede ser importante, ya que una cosa es la defensa y otra la esencia; por ejemplo: «Me someto porque salgo beneficiada, pero no soy una sometida».

Hoy en día nuestra sociedad, la occidental, no asocia como antaño sexo a peligro (excepto en el caso del sida), ni la familia crece incontroladamente ni la mortalidad infantil es frecuente. Los elementos sanitarios y socioculturales han cambiado tanto que el masoquismo, que evidentemente existe y está considerado como una *patología*, no aparece a nivel psicológico como un componente particular del psiquismo femenino, y eso es lo más importante.

Maternidad no es masoquismo, como se había escrito. La maternidad lleva implícita una gran sublimación. En un contexto no patológico no es una compensación de las carencias anatómicas ni una reconstrucción narcisista ni una respuesta masoquista a causa de la agresión inhibida. Si bien estos factores están muy presentes en ciertas maternidades, cuando se producen son sencillamente la expresión de una inmadurez personal.

Lo que queda claro es que tanto desacuerdo como el que hubo en aquellos años acerca del masoquismo femenino, en el sentido de que se consideraba que era tanto la personalidad normal de la mujer como la patológica, ponía de manifiesto que todavía faltaban dogmas o verdades analíticas con los que poder trabajar de forma más sólida y amplia.

Pasividad

Ser pasivo o receptivo no supone, en principio, ser masoquista. Aunque la mujer tenga una mayor predisposición a causa de sus aspectos anatómico-fisiológicos, en ambos sexos se dan características sadomasoquistas.

Si el hombre es, en potencia, más sádico que la mujer, será también en potencia masoquista. La díada sadomasoquista incluye las dos facetas, aunque la acción directa de la agresión o su recepción pasiva se instale predominantemente en una de ellas. Todo sádico en potencia es un masoquista, y viceversa.

La agresión subyace y se alimenta en la misma medida de ambas actitudes, aunque sus roles aparezcan diferenciados.

Hemos observado que cuando la relación sadomasoquista se instala en una pareja, resulta muy difícil romper este tipo de relación; en otras palabras, es difícil librarse de ese estilo relacional aun cuando los propios interesados lo pidan.

En este punto mi experiencia se une a la de otros colegas: cuando nos encontramos con parejas que atraviesan crisis dominadas por relaciones sadomasoquistas tenemos serias dudas acerca de lo que se puede hacer y conseguir.

Sólo en los casos en los que los dos o uno de ellos verdaderamente quiera salir de esa telaraña se pueden esperar algunos giros de ese trenzado destructor.

Se podría pensar que esa clase de vínculo sólo se puede basar en una especie de «contrato» de tipo inconsciente que funcione a modo de alianza. Esta alianza inconsciente es difícil de disolver porque escenifica un tipo de relación en la que los protagonistas todavía no han logrado diferenciarse como individuos, como *personas separadas*. En estos casos la amenaza que flota sobre ellos equivaldría a un aviso: si la pareja se rompe, la supervivencia del uno sin el otro quedaría amenazada.

Casi siempre los casos más extremos nos ayudan a comprender los más cotidianos. En los primeros se expresan con toda su crudeza los mecanismos que actúan en la base de este tipo de relaciones. ¿Qué es lo que diferenciaría unos casos de otros? La menor intensidad de la agresión y del padecimiento, así como la frecuencia en la que aparecen estos mecanismos. El conjunto de estos elementos hace más soportable la relación, de tal modo que estas conductas pueden pasar desapercibidas hasta el punto que no se consideren anómalas ni anormales.

En el sadismo y el masoquismo los roles no siempre están adjudicados en forma estereotipada, la mujer en el rol masoquista y el hombre en el sádico. Pueden alternarse.

Recordemos que Freud había dicho que aunque fuera un hombre el que adoptara esa posición, el rasgo seguía siendo femenino. Según él, el masoquismo forma parte de la esencia de la feminidad.

Varios creadores cinematográficos han plasmado en películas esta intrincada relación. Como ejemplo citaría la de Joseph Losey, *El sirviente*. En esta trama, un aristócrata, tras un largo proceso en el que aflora *su dependencia*, queda en manos de aquel que ocupa el lugar del criado.

Otra interesante aproximación a la misma temática nos la ha ofrecido Liliana Cavani en *Portero de noche*. En esta película se visualiza la relación sadomasoquista con un realismo angustiante. Entendido desde esta perspectiva, no extrañaría tanto que las mujeres encontraran en ello un placer oculto. Así se explicaría que haya persistido durante tanto tiempo el supuesto masoquismo femenino, algo muy distinto que etiquetar a la mujer de constitucionalmente masoquista.

Visto desde esta óptica, el masoquismo sería una de las maneras de obtener poder. Se podrá decir que ésa no es una vía sana, lo cual es cierto. Esto sería así para la parte pasiva, y es aplicable en la misma medida a la vía sádica o la llamada «dominación activa».

Un elemento importante que hay que tener en cuenta en el masoquismo sería la atracción de la sexualidad por el Tánatos, por el llamado «instinto de muerte». ¿Acaso esa atracción por el instinto de muerte es sólo propia del psiquismo femenino y no lo es del masculino? ¿Es ésta una atracción fatal?

Intentar comprender lo que sucede

Se han hecho análisis interpretativos de lo que se está «representando» en este tipo de relaciones, de todo aquello de lo que no se tiene conciencia, ya que en la edad adulta se reproducen secuencias de la vida infantil, por lo que éstas quedan fuera de lugar. Pero esta clase de relaciones existen. ¿Por qué?

Podrían ser manifestaciones de ciertos tipos de relación afectiva primaria «no resueltos». Serían aquellos modelos de relación que han persistido en etapas de la vida en las que ya no correspondería mantenerlos, y por esa causa se convierten en patológicos.

Este modo relacional-afectivo podría interpretarse como una reproducción del estado final de la evolución infantil en el que quedó fijado cada uno de los que en ella participan. Lo que ahí se reproduce básicamente serían relaciones de amor-odio con la madre, las que el niño y la niña fantasearon en aquel momento. Si aceptamos esta hipótesis podríamos descifrar lo que sucede a niveles inconscientes cuando en los niveles reales se establece este tipo de relaciones.

Si el sádico se dirige al cuerpo de la mujer (que en su mente representa a la madre) para atacarla, en realidad ese ataque esconde un miedo inconsciente al poder de esa mujer-madre. ¿Sería ese ataque el equivalente de la envidia infantil a esa madre sentida como tan poderosa?

Siguiendo con esta hipótesis, ¿qué es lo que sentiría el que ocupa el lugar de la supuesta madre, la que todo lo puede? El que ocupa su lugar es el sádico; cuando éste agrede en su mente, se convertiría en la madre misma para hacer sentir a su víctima toda la impotencia e indefensión que él sintió. Mediante esta actuación, él daría un giro de ciento ochenta grados a la situación que «vivió» en su infancia.

Estas complicadas situaciones son el resultado de todas aquellas otras que no se resolvieron cuando correspondía, es decir, en la etapa infantil. Quedaron memorizadas en el inconsciente a la espera de ser «resueltas». Por eso, aprovechando cualquier punto de referencia, aparecen en la vida adulta totalmente fuera de lugar.

Parece que ahora el sádico cree que es él quien controla la situación. La mujer puede o no quedar atrapada en ella. Dependiendo de su propia inmadurez, puede reproducir con el hombre las fantasías de poder y sometimiento que quizá sintió con su madre o con su padre. En realidad en la edad adulta se está escenificando una fantasía propia de la temprana infancia.

Hay una evidente desproporción entre lo que ahora sucede y lo que antes se imaginó. Ni el sentir ni el fantasear deberían arrasar la realidad.

¿Acaso se pretende reproducir en el masoquismo el poder de la madre que nos tenía sometidos? ¿Cree el masoquista que todo depende de él o de ella y, por tanto, siente que es imprescindible para el sádico?

El hecho de que el ataque gane en fuerza indica que la persona ha ido sustituyendo realidades por fantasías. Las violencias pueden ser más fuertes en la medida en que ya no se ataca a alguien real, con nombres y apellidos, sino que en realidad se ataca a una imagen.

En estos planos todo se deshumaniza, funciona como en el alcoholismo. Bajo el efecto de la intoxicación, el alcohólico puede pegar, herir y destruir. Cuando el efecto remite, pide disculpas al darse cuenta de que pegó a alguien de carne y hueso, a un ser humano y no a un fantasma. Si la mujer entra en ese juego es tan responsable como el hombre. El sadismo y el masoquismo tienen raíces comunes.

Deberíamos afrontar todas estas tendencias contradictorias dentro de nosotras mismas en vez de seguir manteniendo el mundo de los opuestos, es decir, no nos ayuda creer que sólo el hombre es el sádico y la mujer la pobre masoquista. Es evidente que la mujer masoquista mantiene una estrecha vinculación con el sádico.

Poco a poco nos acercamos a las raíces psíquicas del masoquismo: el sadismo en ambos sexos, diferenciando unos niveles de otros, los psíquicos de los claramente culturales. La importancia de estos niveles es lo que hace que la balanza se incline más en un sentido que en el otro.

Es de gran importancia redefinir el masoquismo en todas sus formas clínicas, no sólo mediante el elemento de placer por el dolor, sino como la actualización de un «contrato», que es el que regula la relación en todas las representaciones masoquistas.

La relación que se desarrolla simbólicamente en el masoquismo utiliza el sufrimiento, el dolor y la humillación no para obtener placer, sino como ingredientes necesarios para una representación en la que se escenifica la fusión inalcanzable con la pareja sexual primaria (la madre o el padre), a la vez que muestra la imposibilidad de separarse de esa misma pareja. Amor y odio aparecen juntos, fusionados; placer y dolor también están indiferenciados.

Para el espectador este aspecto tal vez sea el más llamativo. En general no se entiende por qué siguen juntas algunas parejas. Algo parecido ocurre con los protagonistas de estas situaciones, que no pueden entender el porqué de lo que hacen y, aún menos, la razón por la que no pueden salir de esta adicción.

Estas conductas se nutren de unos motivos de los que no se halla una explicación, excepto la inmadurez. Las causas quedan tan lejos de la conciencia que resulta difícil acceder a ellas por la vía lógica.

Muchas veces leemos en la prensa historias de malos tratos, vemos en la televisión a mujeres víctimas de unas agresiones que nos sacuden en lo más profundo. Finalmente, la conciencia ciudadana va mejorando, así como la respuesta de la justicia. Ambas son muy necesarias, por lo que la sociedad tiene el deber de exigirles toda clase de medidas preventivas, pero si además de éstas no se considera la existencia de un elemento personal y particular, la situación no mejorará sustancialmente a niveles reales.

He leído que ya hay gente no experta en psicología que se acerca a algunas de las causas que consideramos psicológicas, lo cual es muy positivo. Se ha escrito que es posible que algunas mujeres mantengan esta relación con el agresor porque es el único modo en que reciben contacto humano y compañía. Éste es uno de los puntos que hay que considerar.

La mujer que «tolera» y «aguanta» estas relaciones ¿es la que no pudo diferenciarse claramente de la relación simbiótica con la madre y la que reproduce en su pareja, mediante un hilo conductor, aquella primitiva relación en la que no logró establecer la individualidad?

Obviamente, como he dicho tantas veces, la intensidad del vínculo no es igual en todas las personas. Pero no hay duda de que este tipo de relación está rellenando alguna carencia en la vida de la mujer. Esto nos permite entender el altísimo precio que ella ha pagado y sigue pagando en estos casos: la ausencia de *autonomía*.

Otra manera de acercarse al tema sería preguntarse qué hueco llena el masoquismo. Alguna clase de valía le debe dar la pareja sádica, algún valor personal del que ella cree que carece. Tal vez, como una sustancia adictiva, en esa mujer el sadismo actúa de modo similar a como lo haría una droga, aquello que se anhela cuando se tiene un pequeño o un gran vacío. El efecto que produce el «ataque» equivaldría al efecto de llenado: sentir, sentirse viva.

El masoquismo del que ahora hablaré no es sinónimo de dolor físico, resultado de este tipo de agresiones, se inscribe más bien en el ámbito del dolor psíquico. Es otro escenario. Me interesa este aspecto; es un interés profesional y humano. De este sadomasoquismo se habla mucho menos.

Muchas veces las heridas y los dolores psíquicos resultan más lacerantes que los golpes físicos. Sabemos que estas armas se aprovechan y utilizan para hacer mucho daño, precisamente a las personas a las que más se quiere. ·

Dentro de este contexto, la dominación, se desarrollan distintos procedimientos que causan placer al que los practica. Tendríamos que averiguar qué clase de placer siente el que los recibe. Todos hemos conocido algún tipo de conductas como las que ahora voy a describir. Hablo de personas que consiguen crear un estado de incertidumbre que planea sobre la relación y amenaza la estabilidad y la permanencia del vínculo. Se consigue mediante insinuaciones y amenazas del tipo: «Bien, si tú haces esto... o si haces eso otro... ya sabes a qué te expones». En pura lógica la pregunta sería: «¿Y qué quieres decirme con esto?». No suele haber una respuesta concreta, y el otro no sigue preguntando. Todo son amenazas difusas, misteriosas, tras las que flota el fantasma del abandono, el talón de Aquiles universal. En esta atmósfera, el espacio relacional se convierte en un campo de minas.

Otro procedimiento frecuente es el silencio hermético, sistemático, aquel que no viene a cuento. Ni la pareja ni la familia entienden el porqué de esa actitud. El silencio se usa como arma agresiva, mantiene atrapada a la pareja en este particular modo de comunicación. Con él se comunica que no se desea comunicar; se dice que no se quiere saber nada de todo lo que tuviera que ver con nuestra persona. Es un desprecio, un ignorar hiriente y directo. Este sistema logra despertar una profunda inquietud, desconcierto y sentimientos de soledad en el uno y en los otros. «¿Qué estaré haciendo para que me trate así?» Esto puede durar un tiempo, y luego, sin saber por qué, el director de escena vuelve a hablar.

Otro modelo sería despertar sistemáticamente celos, envidias, rivalidades. Muchas de ellas, por no decir todas, falsas. Aun así, eso no sería lo más importante. Lo fundamental es hacer daño, despertar ansiedad por el placer que suscita confirmar la capacidad personal de trastornar al otro mediante estas acciones.

Podríamos extendernos en muchos tipos de relaciones sadomasoquistas. Creo que estos simples ejemplos resultan bastante esclarecedores, ilustran sobre la innegable existencia de esas conductas o, si se prefiere, relaciones adulteradas.

¿Qué función cumplen tanto en quien las origina como en quien las recibe? Como la otra variante descrita, aquí también sería algo equivalente al efecto de llenado. Ese efecto equilibra la maltrecha autoestima.

Los vacíos pueden ser muchos: problemas de esterilidad y de frigidez sexual; de orígenes sociales y/o intelectuales; reales o imaginarios; vivencias de inferioridad frente a la pareja, etc. Este tipo de trato, inaceptable para la misma mujer, se mantiene, pero quizás haya sido el único o el mejor que hasta entonces ha encontrado. Sería aquello que la ayuda a sostener su precaria autoestima.

¿Qué alternativas tiene esta mujer si de verdad no tolera el sadismo? La inmediata es quedarse sola. Teóricamente, todos, hombres y mujeres, podemos quedarnos solos. Me refiero a la ausencia de una pareja emocionalmente significativa. ¿Qué significado tiene para cada persona la soledad a este nivel?

Aquí entra en juego el grado de autonomía que cada persona ha conseguido. La autonomía es una de las grandes asignaturas pendientes tanto en los hombres como en las mujeres. A pesar de que es igual para los dos, la mujer tiene en su contra su ideal del yo y su ideal maternal, del que hablaré más adelante.

Ante todo, ¿quién sostiene el sadismo del hombre? La respuesta inmediata sería el masoquismo de la mujer, y viceversa. Serviría el mismo supuesto cuando la mujer ocupa el rol sádico y el hombre el masoquista.

Recuerdo a una pareja que recibí hace más de una década. Los dos tenían en común el ser especialmente atractivos, tanto física como intelectualmente. Muchos de sus amigos decían de ellos que formaban una pareja de cine. En cambio, su vida privada se parecía más a un infierno, aunque no siempre. Lo que ocurría en la intimidad era difícil de imaginar, dado el rol social que ambos desempeñaban.

Elijo algunas de las situaciones que ella relató y que el silencio de él confirmó. Algunas noches, antes de acostarse, él salía de casa para llevar el coche al garaje, una tarea que no le tomaba más de diez minutos. Pero en una de cada tres o cuatro de estas salidas él tardaba unas dos horas en regresar a casa. El desconcierto, la ansiedad y el malestar invadieron la mente de su mujer en la primera ocasión que esto ocurrió, todo ello agravado por el silencio del marido al no responder a la lógica indignación de ella.

La situación se convirtió en crónica y él nunca dio explicaciones claras a las preguntas de ella. Esquivando el proceso lógico, solía decir: «Mira, de repente me apeteció ir a dar una vuelta cerca del mar...» o «Me encontré casualmente con fulano y charlamos un buen rato...». De nada servían los ruegos y las protestas de la mujer.

Ésta era una de las varias situaciones en las cuales él lograba que su mujer quedara prendida, mentalmente, de su persona. Ella fantaseaba sobre posibles infidelidades, que nunca se comprobaron y, al parecer, no existieron, durante aquellas tormentosas horas de espera.

¿Qué desencadenaba aquellas conductas y qué conseguía él con aquella provocación? Sencillamente, mantenía un vínculo sadomasoquista en el que la agresión de él ocasionaba en ella un fuerte sufrimiento. Se podría pensar que él deseaba separarse de su mujer y que por esa razón le hacía la vida imposible. No, no era ésa su finalidad. Más tarde se comprobó que pretendía lo contrario. Para él, aquello era una especie de anclaje «afectivo» que le resultó muy eficaz. De esta manera logró tenerla paralizada durante años, tiempo durante el cual ella se debatió en la incredulidad de lo que le pasaba y en el que llegó a preguntarse qué hacía mal para merecer aquel trato. Este amarre, este anclaje, tuvo éxito durante mucho tiempo.

El sadismo de él era evidente, y aceptar, aunque luchando, entrar en ese juego evidenciaba el masoquismo de ella. Tolerar, aunque se opusiera, lo intolerable había desembocado en un tipo de relación ataque-respuesta en cuya base estaba el dolor. Dolor e imposibilidad de cambiar el estilo de acercamiento.

Durante las etapas entre esos episodios, el marido manifestaba un apasionamiento excepcional. Su mujer era envidiada por muchas otras por el enamoramiento de aquel hombre, que ella secundó durante años.

Transcurrido un tiempo, ella pidió el divorcio. Lo hizo tan pronto consiguió darse cuenta de su facilidad para engancharse a un tipo de relación en la que se reproducían estilos infantiles. Ella por fin pudo conectarlo a un tipo de sometimiento en el que estaba entrenada, pues reproducía de forma similar el que tuvo con su madre. Según sus palabras, «eso ocurrió a partir del día en que empecé a andar».

Ella no le reprochaba a su madre más de lo que le reprochaba a su padre. Y a éste le echaba en cara que la abandonara a su suerte ante aquella posesividad materna. Aquel padre recordado por ella con mucho amor, había sido un hombre débil e incapaz de enfrentarse a la dominación de la madre. Había organizado su vida de modo que la hija quedara casi en exclusiva en manos de su mujer. Así también evitaba ser dominado.

El marido, por su parte, presentaba una historia de amorodio con su propia madre, a la que consideraba una mujer poderosa, razón por la cual la trataba poco. Podemos imaginar de quién se defendía y de qué modo escenificó su propia impotencia para desengancharse de aquella madre de la infancia.

Mediante una inversión de roles, él tenía entonces a su mujer pendiente de su persona. Ella pasó a convertirse en dependiente de una figura que ostentaba el poder.

El lenguaje y su colaboración en los significados

Esta temática ha puesto en evidencia la complejidad de los factores que en ella intervienen; de entre éstos, no quisiera dejar fuera el lenguaje.

El lenguaje ha colaborado y colabora en gran medida en *inclinar la idea del masoquismo hacia el lado femenino*. Las especialistas en lingüística indican las transformaciones que sufren una serie de conceptos, algunos de los cuales son los que ahora estamos trabajando.

El lenguaje, como se sabe, se sustenta sobre el simbolismo, mientras el pensamiento adjudica los significados a los símbolos. Es evidente que nos hemos movido en un pensamiento único, de significados unilaterales. Los significados femeninos, tan presentes en el símbolo como los masculinos, han sido desvalorizados. Digo desvalorizados en vez de eliminados porque esto era y es totalmente imposible. El lenguaje se puede manipular, pero el símbolo existe más allá de toda voluntad selectiva.

Estas deformaciones en cuanto al uso y al significado que se da a algunas de las palabras son visibles para todos, ya que representan los valores, los valores positivos y negativos asociados a un sexo o al otro. Cuando hablamos de *amor* o de *ética* o de *deberes*, estos conceptos representan valores claramente definidos. Su significado se altera cuando lo aplicamos a las mujeres: en este caso se reconvierten, por lo que estamos señalando, en unas actitudes y unos conceptos impregnados de un *sabor masoquista*. Nadie negará los distintos significados que se adjudican, a nivel social, a las palabras «deberes», «ética» y «amor». Si el sujeto de las mismas es una mujer, la palabra «deber» asociada a ella se equipara fácilmente a «renuncia». No discuto aquí la existencia de deberes y obligaciones, sólo lamento la distorsión del contenido según el género que tenga el sujeto de estos deberes y/u obligaciones. En cambio, en el contexto social esa diligencia aparece en la adjudicación de derechos a la mujer.

Esta deformación lingüística no es más que el espejo de ese *otro social*, que ha desempeñado un papel muy importante en la construcción de la personalidad femenina. La mujer, si lo desea, tendrá que replantearse desde sí misma esa deformación lingüística en la que de modo inconsciente también ha participado.

El masoquismo supone disfrutar con aquellas cosas que normalmente no producen placer. No conozco a ninguna mujer, no enferma, que dijera lo contenta que estaba mientras esperaba los dolores del parto o de las reglas o de los varios problemas que, a lo largo de la vida, le presentaba la biología femenina.

Todas las que conozco estaban en claro desacuerdo con la maldición bíblica de «Parirás los hijos con dolor». En vez de aceptar ese supuesto placer masoquista, todas ellas han buscado el parto con el menor dolor posible.

Cuando hablaba de las fantasías que despierta en la niña y en la mujer la oquedad vaginal, no quería decir que la mujer seleccione especialmente las vivencias negativas sobre ella. En la mujer, la penetración sin problemas específicos se convierte en uno de los mayores placeres sexuales. Placer sexual femenino que describimos como inmensamente más intenso que el que experimenta el hombre. La madre naturaleza tal vez haya dotado a la mujer con este potencial orgásmico para equilibrar los dolores que la biología le impone.

La realidad muestra cómo la mujer tiene una mayor resistencia ante las adversidades. Quizás, una vez más, haya tenido en su cuerpo un buen campo de entrenamiento, no sólo a causa de los elementos corporales, sino a que a éstos se unen los que forman parte del yo ideal de la mujer. Todo ello predispone a una mayor capacidad de resistencia que la que tiene el hombre ante las dificultades y el malestar físico.

Aguantar y tolerar el dolor no significa disfrutar sufriendo. Esta característica sería su respuesta a su fisiología y a su compleja anatomía, que no hay que confundir con el masoquismo. Creo más bien que es un valor. El masoquismo como patología existe tanto en los hombres como en las mujeres.

El aguante sano no incluye el disfrute de realidades negativas. La tergiversación social de la tolerancia al dolor de la mujer viene de antiguo y suscita confusión. Confusión social que puede darse muchas veces entre las propias mujeres. He oído muchas veces en boca de mis pacientes palabras como éstas: «Bueno, ya se sabe..., tendré que hacer esto, tendré que hacer aquello. No me apetece nada hacerlo, pero si no lo hago ya sé lo que dirán los demás». Más de una vez he contestado: «No sé si será más importante para usted saber qué es lo que se va a decir a sí misma si hace todo eso que realmente no quiere hacer».

La cultura reductora ha pontificado para que las mujeres se olviden de sí mismas, de sus normales necesidades, para entregarse a los demás. La mujer ha sido la gran destinataria de los *valores impuestos*.

Es como si habláramos de un sucedáneo del verdadero yo. El auténtico yo femenino quedaría camuflado a causa de tanto condicionamiento social. Los pseudovalores de la cultura reductora tenían el éxito asegurado porque la mujer había aprendido desde siempre a cuidar.

Pero ¿ha aprendido también a cuidar de sí misma? Cuidar al otro sin haber aprendido a cuidar de uno mismo puede convertirse en un fracaso anunciado. En el refranero español se recoge un pensamiento impregnado de lógica y realidad que se debe a un autor de la talla de Gracián: «El amor (o la caridad) bien entendido siempre empieza por uno mismo».

En otras páginas hacía referencia al tema de la agresividad relacionada con el masoquismo. Varias y recientes investigaciones muestran que las mujeres tienen muchas dificultades en manifestar agresividad en aquellas situaciones en las que culturalmente no está bien visto que lo hagan. La conducta escenifica el mensaje que llega desde el marco familiar y social que las rodea.

A la niña no le estaba permitida, y todavía no le está, la manifestación directa de la agresividad. A no ser contra sí misma, es decir, experimentando culpa y arrepentimiento. Se puede pensar que las llaves de esa extraña contradicción provienen de los mensajes externos y de los de su ideal del yo. Eso no significa que ella no tenga agresividad, pues todos sabemos que la mujer la manifiesta de otra manera. Ocurre que si la mostraba de manera directa era tildada de masculina.

Podría existir otro motivo para negar la agresividad de las mujeres que tiene que ver con la maternidad. Se ha organizado toda una mística acerca de las relaciones entre la madre y la hija. Uno de los puntos álgidos sería la prohibición de la agresividad entre ellas. Son exigencias del ideal del yo materno, no siempre compatible con el maternazgo real.

Se discute sobre si la agresividad es innata o defensiva en el ser humano. No me corresponde desarrollar aquí este tema. La verdad es que, mediante la capacidad que el ser humano posee para tener sus propios pensamientos, es el único ser vivo que practica la tortura consigo mismo y con los demás.

Usa la agresión para experimentar placer, a la vez que experimenta *mucha culpa* por fantasear sobre toda clase de agresiones que explicarían el sentimiento de culpa por aquellos actos que nunca ha cometido. No haré ninguna defensa de la agresividad, pero tampoco la negaré.

La agresividad es la respuesta inmediata a las frustraciones. Todos, hombres y mujeres, empezamos a experimentarla ya desde el nacimiento. De modo que algo tendremos que hacer las mujeres para aprender a librarnos del supuesto masoquismo conductual.

Cuando lo natural, aquello que la propia naturaleza demanda, no se cumple, aparece el fracaso de la «doctrina». Esto es aplicable a diversas situaciones; en este caso, la causa del fracaso la encontramos en la agresión inconsciente, ese malestar difuso que se genera dentro de una persona cuando no sabe cuidar de sí misma.

Si la persona siente que el cuidado de los demás no le nace de dentro, sino que lo ejercita por mandato de fuera, la acción positiva, el cuidado, se convierte en un desgaste en lugar de en un enriquecimiento y siempre pasa factura, que a la larga podría manifestarse en sequedad emocional.

6

El viaje

Hace bastantes años que los hijos han empezado a prolongar la estancia en casa de los padres, es decir, a retrasar el momento de casarse o de iniciar su vida independiente. Al principio sorprendió porque chocaba con aquella costumbre de anticipar la marcha de la casa familiar, a imitación de los países sajones. En la gran mayoría de los casos, no en todos, permanecer en casa de los padres más allá de cierta edad es pura comodidad.

Esto tiene puntos en común con aquellas mujeres que, de algún modo, vivían realquiladas en el pensar y el sentir de la madre. Ellas retrasaban la partida de aquel pensar y sentir por el miedo que les producía moverse en un espacio nuevo y aún vacío. No era ni es un vacío comparable a encontrarse en la calle sin una casa donde guarecerse. Era un vacío que indicaba que no se construyó todo aquello que se tenía que construir porque las *aparentes ventajas temporales* que ofrecía la casa, la madre en la que se habían instalado, les secuestraba el impulso creador.

En estos casos, cuando la madre y la hija se miraban, parecían un espejo: la una veía en la otra aquello que creía que era suyo. Ninguna de las dos se veía objetivamente.

Cuando una de las dos se da cuenta de esta situación, la respuesta más madura es desprenderse de este enlace siamés que empobrece y, a veces, impide *construir la identidad*.

En ese momento la hija sabe que todo aquel alimento que le llega del espejo-madre tendrá que elaborarlo ella misma.

Hasta hace poco, muchas mujeres no se habían percatado de la necesidad vital de encontrar por sí mismas las respuestas adecuadas a las situaciones que planteaba la realidad cotidiana. La ausencia de estos recursos personales se constataba en los casos en los que siempre necesitaban a alguien que las acompañara, las calmara y las tranquilizara.

Lograr la libertad individual a este nivel es un proceso que no todas las mujeres conseguían completar. La niña, a diferencia del niño, tuvo y tiene que seguir en íntima relación con la madre porque, además de amarla, la necesita como modelo de identidad sexual.

A veces la mujer olvida que para ser tiene que empezar a crecer y alejarse de la excesiva cercanía que tenía y tiene con la madre. La sociedad, en este aspecto, siempre ha permitido a las mujeres un mayor grado de dependencia que en el caso de los hombres. La imagen de la hija pegada a la madre resultaba normal en el ámbito social. ¿Era realmente normal?

En el siglo XXI, las mujeres, con diferencias personales, han emprendido una marcha sin retorno que las aleja definitivamente del que fue su punto de partida, el gineceo. Uso la palabra «gineceo» como expresión de un mundo cerrado, en oposición al foro, el mundo masculino.

El gineceo era un lugar donde se hablaba de sentimientos y se manifestaban las necesidades. Se desarrollaban secretismos y complicidades. Entre otras, una de sus funciones era debatir la jerarquía, el poder y las preferencias. Era un coto cerrado y oculto para todos aquellos que no lo habitaban, bastante opuesto a lo que entendemos por un espacio de libertad. En aquel espacio se manifestaban, sin máscaras, las distintas caras de la luna.

Por el contrario, los hombres crearon el foro, que servía para discutir ideologías, manifestar acuerdos y desacuerdos, expresar públicamente el pensamiento y asumir las consecuencias. Era un lugar abierto y ventilado.

Muchas veces, cuando se observa el tipo de relaciones que se da entre los hombres y el que se da entre las mujeres, parece que a grandes rasgos ambos se reproducían en el foro y en el gineceo.

Básicamente, ¿para qué ha servido en el pasado el gineceo a las mujeres? El gineceo era una especie de *continente* que ofrecía protección, aunque sólo a nivel sociológico. Y si el gineceo servía de continente, ¿qué clase de continente era? ¿Cómo se movilizaba y canalizaba la agresividad en él? Podía ser peligroso manifestarla abiertamente. Tal vez encontraríamos ahí una de las raíces de los peculiares modos en que las mujeres la manifestaban.

Las mujeres no exhiben su agresividad mediante la fuerza física. Tal vez con la intuición, la observación de los puntos débiles del otro para usarlos a su favor, la capacidad de darle la vuelta a la situación, el silencio premonitorio...

Las mujeres han trabajado en la casa-gineceo hasta extremos increíbles. Han luchado frente a mil dificultades, han soportado allí toda clase de agresiones. ¿Todavía podemos creer que ese coto cerrado las protegía? ¿De qué y ante quién las protegía?

Deben de existir múltiples causas que expliquen este apego afectivo de la mujer a la casa-gineceo. El primer ligamen afectivo, tanto para la niña como para el niño, son la madre y el padre. La niña, por identificación con la progenitora del mismo sexo, se vincula a la madre y al lugar donde está ubicado ese continente afectivo propio, junto con los cuidados, la protección y el aprendizaje relacional, que preserva del plural, complejo y supuestamente peligroso, por desconocido, mundo exterior.

También se protegían del «ojo público», que contemplaba las cosas masculinas al aire libre, como ocurría en el foro, pero no así las femeninas, ya que el gineceo era un lugar cerrado y secreto, caldo de cultivo de lo primitivo.

Si el yo ideal femenino, además, no hubiese depositado en el gineceo la sede en la que desarrollar sus valores, a buen seguro que ese continente habría perdido el significado, a veces fetichista, que mantuvo durante siglos. Pocas obras teatrales escenifican el clima asfixiante de deseos y luchas primarias en un gineceo en particular, como *La casa de Bernarda Alba*, de Federico García Lorca.

Puede parecer que el foro, el mundo externo donde se libraban otra clase de batallas, en principio daba miedo a las mujeres. Tal vez porque al quedarse sin aquel especial continente que todo espacio cerrado y conocido ofrece, se encontraban sin abrigo. Además, aquel otro espacio, el foro, les estaba vedado.

En cada época parecen mujeres excepcionales que alertan sobre esta situación que las atrapa. En la actualidad se han publicado varios libros en los que se recupera la memoria histórica de aquellas que, a decir verdad, entonces tuvieron escaso éxito o éste no fue visible, aunque, considerando todos los frutos que con el tiempo ha dado, cabe pensar que aquel fue un éxito soterrado.

Hay varios factores responsables de lentificar y, en muchos casos, de suspender el viaje.

Las mujeres no tuvieron, ni encontraron, aquel catalizador capaz de unir todas sus capacidades potenciales, las que les eran y les son propias y les permiten planear un viaje en particular. Esto empezó a suceder hace apenas un siglo.

Uno de los interrogantes, entre otros, que me impulsó a escribir este libro fue la *falta de sintonía que durante tantos siglos* ha reinado entre las mujeres.

Parece que algunas individualidades no tuvieron el peso suficiente para iniciar un viaje como grupo ante una mayoría que prefería quedarse en la casa antes que salir al abierto y ventilado foro. Creían que las protegía, y no importaba que por el trabajo de una vida no recibieran un sueldo. La autofinanciación, la responsabilidad ante la propia vida, no parecía estar presente en la agenda emocional que se transmitía de abuelas a madres, a hijas y a nietas. De las lunas antiguas a las lunas nuevas.

Es verdad que las batallas no se ganan en el foro si antes no se ha ganado en cada gineceo particular la madurez emocional. Ésa sería la batalla que, a mi entender, ha librado una gran parte de la población femenina mundial.

Esta madurez se obtiene luchando contra la dependencia, la interna, ésa que se aposenta sobre la falta de confianza emocional. La libertad para pensar y actuar está relacionada con esa confianza que permite poner en marcha el potencial, genético, siempre presente.

¿Qué es lo que nos impide hacer uso de esa libertad que nos permite darnos cuenta de cómo pensamos y cómo sentimos? Múltiples factores: desde cierta ausencia de curiosidad respecta a una misma a una falta de confianza en los propios recursos. Todo ello, unido a los temores que el uso de la libertad comporta, ayuda a ahogar esa libertad, pues el hilo conductor hacia la autonomía depende del propio conocimiento. Todos estos elementos están tan íntimamente relacionados que fluyen a modo de una espiral como la que configura el caracol.

Durante siglos, la dependencia ganó la partida a la confianza; también ganó la mano al riesgo seductor de salir del gineceo. En otras palabras, *no pensar* se impuso a la libertad de *pensar*. El continente que ofrece el gineceo se transforma en el continente mental que cada mujer puede ubicar en sí misma.

Sabemos que nos habían sembrado el espacio abierto de miedos oscuros, de fantasmas que estaban al acecho de nuestra supuesta fragilidad. Cada cual puede sembrar su terreno de lo que necesite; el problema no sólo sería aceptar la siembra del campo ajeno en vez del propio, sino más bien la desconfianza sobre la propia siembra.

Solidaridad

La solidaridad se describe como la capacidad que tenemos de aceptar con afecto y respeto modos de pensar, sentir y vivir diferentes, y aun distantes, de los nuestros. Esa capacidad nos permite colocarnos en el lugar de la persona que necesita ayuda, desde lo material a lo afectivo e ideológico.

A veces usamos indistintamente los conceptos «solidaridad», «fraternidad», «generosidad» y «altruismo» porque giran alrededor de ese potencial común que nos permite olvidarnos de lo personal. El móvil de la solidaridad se alimenta del placer emocional que experimentamos cuando damos al otro aquello que necesita.

Como la madre es la primera persona de quien recibimos amor y cuidados, yo situaría los componentes emocionales que configuran la solidaridad en un terreno cercano a los que rodean esa figura, ya que es difícil sentir solidaridad sin experimentar, en mayor o menor grado, el sentimiento de *gratitud* sin el cual la vida llega a ser árida y punzante.

El reconocimiento de lo que la madre nos ha dado, salvo excepciones, es bastante universal. En cambio, no siempre hallamos gratitud, y éste sería uno de aquellos sentimientos cuya presencia o ausencia permiten diferenciar a unos seres humanos de otros.

La gratitud se asocia a la capacidad de reconocer todo aquello que hemos recibido, aunque no colme nuestras expectativas. Y ese reconocimiento es el que nos predispone a agradecer y cuidar.

No sólo cuidar a la madre, sino también a las demás personas que, por sustitución de esa imagen, ocupan un lugar en nuestra vida y en nuestra afectividad.

Si rescatamos lo bueno de entre las otras cosas que no lo son, si podemos reconocer y agradecer, estaremos en condiciones de disfrutar de unos lujos emocionales que ni siempre son posibles ni están presentes en todos los seres humanos.

A mi entender, éste sería uno de los puertos en los que acaba el periplo relacional madre-hija, el que explicaría en parte la generosidad entre las mujeres, la solidaridad entre ellas, las envidias y las rivalidades. Las caras de la luna oscura, las caras de la luna luminosa.

Este viaje relacional entre todas las lunas ha sido muy difícil y complejo hasta ahora, porque además de lo personal ha soportado el lastre de la cultura patriarcal, que reforzaba los deseos de la niña para no dar a la madre un lugar como persona, excepto el de estar al servicio de ella. A su vez, la madre absorbía a la hija o al hijo porque en ellos, muchas veces, asentaba su identidad.

¿Qué es lo que en este contexto puede frenar el viaje de insatisfacción al infinito? La eclosión natural de la gratitud, que actuaría a modo de freno y equilibrio a las ilimitadas demandas narcisistas porque la necesidad de amar emerge de forma tan natural como el deseo de recibir amor.

Hay bastantes personas que nos confiesan su incapacidad para amar; en cambio, pocas conectan ese vacío personal con la dificultad de sentir gratitud. Reconocer que hay otras personas que aman les resulta difícil, pero todavía lo es más admitir que esa constatación es lo que despierta su envidia.

La presencia de la solidaridad va conectada al reconocimiento de que en nuestra vida hemos recibido cosas buenas, por las cuales devolvemos algo o mucho.

Uno de los interrogantes que he planteado al comienzo del libro plantea la solidaridad entre las mujeres.

Hemos visto algunos de los sentimientos, necesidades, satisfacciones y frustraciones entre madres e hijas. También, la complejidad anatómico-sexual, los errores de la ciencia sobre el cuerpo y el psiquismo femenino; los modos y espacios en los que se han desarrollado hasta hace pocos años, a nivel social, las dificultades culturales que la mujer ha tenido y tiene para serlo, y un largo etcétera de elementos, algunos de ellos sólo esbozados. Y aún me pregunto: ¿cómo ha sido posible que esa nefasta ideología patriarcal persistiera durante tantos siglos? ¿Cómo se manifiesta en general la solidaridad entre las propias mujeres?

Cabría esperar que la mujer que, por lo general, se identifica con el yo ideal maternal, el que desarrolla la capacidad de cuidar, sepa cuidar de sí misma y también que cuide de las otras mujeres, tan necesitadas históricamente de esa solidaridad. La realidad objetiva atestigua que la solidaridad entre las mujeres no siempre ha funcionado como sería deseable.

¿Qué factores pueden intervenir más allá de las simpatías o antipatías personales que expliquen esta insuficiente solidaridad entre las mujeres?

Pienso que en el pasado lejano fueron importantes los efectos de aquellas madres que no permitieron la individualidad de la hija porque afectaban, secundariamente, a la generosidad. Es difícil que la hija que no recibe el mensaje generoso de la madre a su vez la pueda experimentar de forma libre y espontánea.

Por su parte, la falta de rebelión de esa hija frente a su madre, que no permitía ni estimulaba su crecimiento, suponía una parálisis de esa sana rebelión que se diferencia en la reivindicación.

La mayoría de las mujeres, en vez de desarrollar su capacidad de crecimiento, la revolución afectiva, evitaron el conflicto con la madre y, al hacerlo, soslayaron la lucha para sí mismas y para las demás.

En esa búsqueda de respuestas sobre la solidaridad incluyo la baja autoestima, que en tantas ocasiones he citado a lo largo de este libro, conectada también más allá de la madre a la insuficiente presencia, comprometida presencia, del padre.

Otra causa importante tiene que ver con una antigua creencia, presente aún en muchas mujeres: el convencimiento de que por el hecho de ser mujeres conocían y conocen muy bien a las otras mujeres.

Durante siglos muchas mujeres han tenido dos certezas: en primer lugar, que por el mero hecho de pertenecer al mismo género creían saber lo que otra mujer pensaba y lo que quería decir; y, en segundo, que si lo que otra mujer proponía era distinto a lo que la mayoría hacía, las otras mujeres pretendían saber lo que aquella quería conseguir o hacer con aquello nuevo o distinto a lo que estaba establecido hasta aquel momento, y en realidad era difícil entenderlo y aceptarlo. Es decir, desde las propias mujeres faltaba la confianza y la valoración de sus congéneres, a las que de este modo se impedía un avance en aquella sociedad.

Ese gran error, que ha persistido durante siglos, pudo ser una de las razones del triunfo del pensamiento patriarcal. Veamos por qué. El problema se centraba en la dificultad por parte de las mujeres en introducir la *duda*, la sana duda sobre sí mismas y en ese punto en concreto: aceptar que existen diferencias dentro del mismo género, diferencias sobre la propia identidad y sus funciones. Como grupo, no fueron capaces de dudar y se apoyaron en la supuesta omnipotencia de su pensamiento, cuando ese pensamiento lo aplicaban a otras mujeres.

Dudar supone reconocer que no se tiene la exclusiva del conocimiento. En el mismo género hay pluralidad de pensamientos, pero esa obviedad no ha sido tan evidente como ahora pueda pensarse.

En el pasado recuerdo situaciones cotidianas en las que si alguna mujer empezaba a explicar una historia en la que la protagonista era otra mujer, con frecuencia otras asistentes, sin más información que haber escuchado un par de frases, comentaban: «Ya sé cómo acabará esto». Ante la sorpresa por tal clarividencia, solían añadir: «Podrá engañar a un hombre, pero a mí no».

Ser mujer no supone conocer a las otras mujeres ni ser como todas las otras. Si a eso le unimos todas las heridas que ha sufrido la autoestima femenina, era duro reconocer que otra mujer destacaba en otros terrenos, minoritarios hasta entonces para el sexo femenino. Tal vez esta situación del pasado nos permita entender aquel reduccionismo que equivalía a «todas son iguales que yo».

Han sido precisos muchos años para que las propias mujeres confiaran en sus congéneres cuando algunas ejercían labores propias del foro.

Considerar los grandes problemas que la mujer ha padecido por razón de género es propio sólo de este siglo. En él asistimos a la apertura y el desarrollo de un nuevo pensamiento, aquel que supera la concepción universal del páter familias como jefe organizador del universo mental.

Las mujeres que económica y culturalmente no padecían estrecheces, salvo excepciones, no mostraron una especial solidaridad hacia sus congéneres en la rebelión por la identidad, tal vez porque ellas mismas pensaban que eran ciudadanas de segunda categoría.

Es evidente que todavía no contamos con una ideología de la solidaridad femenina. De momento es mucho más fácil que se unan todas las madres del mundo que no grupos de mujeres en los que el hombre tiene valoración y significados eróticos. En estas situaciones aún se reviven problemas cuyas raíces están insertadas en lo más primario, donde aparecen envidias, rivalidades y preferencias. Los elementos que apuntábamos al hablar del gineceo todavía están presentes.

En cambio, desde siempre ha funcionado, sin brechas y de modo universal, la solidaridad entre las madres. Identificarse con lo que significa ser madre no supone adscripción a ideologías ni a clases sociales; el común denominador está en las entrañas. No es eso lo que configura ser mujer, a pesar de que ser mujer es anterior a ser madre. En el primer caso la biología es quien ha escrito el guión; en el otro, cada una de las mujeres ha de escribir el suyo. No todas las mujeres eran madres, pero sí la mayoría. Ahí sí que aparecía la solidaridad, porque todas las que lo eran tenían algo en común que las unía y las asemejaba: la maternidad.

En cambio, las mujeres, todas ellas, son distintas. Se construyen como seres humanos según distintas ideologías, diversos valores y preferencias. Cada cual es el resultado de distintas identificaciones. Encontrar un soporte que las una, como en el caso de la maternidad, es difícil. Pero que sea difícil no significa que no se haya dado en el pasado y, más aún, en el presente. Se inicia por coincidencias en las ideologías y en la forma de sentirse, y también se suele producir por compensación, por ejemplo, en el caso de las lunas madres respecto a las lunas hijas: «Que ella haga lo que yo no pude hacer».

Frente a las diferencias respecto a otras mujeres, muchas se preguntan: «¿Qué hago? ¿La respaldo o la abandono a su suerte?». A grandes rasgos, son situaciones que tienen puntos en común con las que se establecen entre las lunas madres y las lunas hijas. Construirse como mujer todavía no es fácil. Existen millones de patrones individuales. Para sentir apoyo desde el propio género lo más fácil era y es combinar el *ministerio de los cuidados* con el ser mujer y contar a partir de ahí con la misma solidaridad femenina.

El rol maternal es fácil de entender porque se ubica en las necesidades que plantean los hijos o las hijas, pero los proyectos individuales, los que nos construyen como personas, son propios de cada una, y ahí se rompería el cordón umbilical primario de la solidaridad.

En cuanto aparece la mujer como individuo, cada una puede ser o tener más que la otra. En estos casos es cuando emergen mecanismos parecidos a los que vemos en el mundo masculino.

Aunque la solidaridad no tiene como condición proporcionar ayuda y recursos a quienes son iguales a nosotras, no incluye discriminación de ningún tipo. De ser así, cuando hablo de solidaridad insuficiente entre mujeres, lo estaría haciendo de una ruptura de la solidaridad primaria dentro del mismo género a causa de la diversidad de valores.

Es evidente que la mujer como tal, en su esencia, todavía no está definida en la misma medida en que lo está el hombre. La maternidad le impide ese ejercicio de diferenciación. Al quedar tan vinculada a la hija o al hijo, se ha visto obligada a trabajar su propia identidad, que la diferencia de las otras mujeres.

Por otra parte, la mujer quedó enrocada durante siglos en los sentimientos de culpa, tan profunda y extensa en ella que aparece como resultado de varias transgresiones, unas internas e inconscientes y otras, en cambio, externas y objetivas, resultado de la cultura patriarcal.

En general, la niña no encontró ayuda en el mundo real debido en parte a la insuficiente implicación del padre en contraste con la excesiva de la madre.

La problemática solía plantearse en términos de «Si soy libre, siento culpa», o bien «Puedo librarme de la culpa sin ser libre».

Pero quien ha sufrido las grandes carencias es la mujer, y no la madre. Entonces, ¿qué le sucede a la mujer? La mujer todavía no está bien definida, instalada y aceptada en todos los lugares de la sociedad como lo está el hombre.

En muchos campos, la mujer es una recién nacida. Llevamos siglos de atraso en relación con el hombre. Uno de los lugares donde esto se ve con mayor claridad es en el descubrimiento y el conocimiento como sujeto activo de deseo. Deseo de ser, deseo de hacer, porque ser mujer no es un diseño universal, como ocurre con la madre.

Cada mujer tendrá que buscar y descubrir en qué y dónde apoya su ser para sentirse mujer. Ser madre consiste en tener. Tener una hija, tener un hijo. Tal vez por eso la madre se resiste tanto a perder a la hija o al hijo si no tiene claro qué significa ser mujer, ser una misma.

En el gineceo aprendió a darle la vuelta a la fuerza física, a neutralizar al hombre hasta donde la biología se lo permitía. Lo que sí es indudable es que la mujer se las ingenió para salir airosa de aquellas situaciones que no podía afrontar directamente. Podía engañar y fingir orgasmos, incluso sentimientos. Su fuerza de cara al hombre consistió en convertirse en su soporte, pero la que ejercía esa fuerza no era la mujer, sino que era la mujer en el rol de madre.

Ser sujeto de deseo, además de desear tener un hijo o no, equivale a desear un amor, un trabajo, unas metas. Si el hombre le pide a la mujer que además de ser madre le desee a él, la mujer no siente culpa ante esos otros deseos porque se siente apoyada y legitimada por su pareja. En estos casos, no tiene que asumir como antaño una vivencia de transgresión.

Si la mujer, trabaje o no, tiene deseos propios y su pareja no la apoya, se siente sola y tiene que asumir la culpa que el «otro» social le señala. Porque ese «otro» vela más por lo primario, por la conservación de la especie, y le va muy bien que la mujer asuma esa parte.

Los elementos internos están en un continuo diálogo con los externos. Las niñas de hoy no tienen, por fortuna, ni las madres ni los padres de otros tiempos. Las mujeres han encontrado otros depositarios de su deseo, además de la hija o el hijo. El hombre, mayoritariamente, no culpabiliza a la mujer porque tenga deseo propio. La mayoría de las mujeres han entendido que *la duda* frente al anterior pensamiento único es su mejor aliada, lo cual permite abandonar postulados patriarcales.

Una madre y un padre comprensivos, permisivos, ayudan a que una niña elabore su problemática anterior en los primeros años de vida. Si se inscribe en una buena cultura, que no discrimine por razón de género, permitirá que esa niña desarrolle todo el trabajo que como mujer le corresponde asumir.

La insuficiente solidaridad decrece cuando usamos nuestra reflexión, pues con ella comprendemos que alcanzar tal y cual logro se debe a distintas causas; a un buen aprovechamiento de las capacidades, a que hemos trabajado mucho, a que hemos demostrado ser mejores que otras u otros, a la renuncia de cosas importantes para llegar ahí o, simplemente, porque el azar nos elige para ese lugar.

La intervención del pensamiento funciona como un tercer personaje, parecido a la entrada del padre entre la madre y la hija cuando hablaba de abrir ventanas.

Si el pensamiento no se introdujera en medio de ese cuerpo a cuerpo visceral que sostenemos con la envidia, la rivalidad, las heridas narcisistas... quedaríamos prendidas. Prendidas de una imagen del propio espejo, como aquella primitiva ligazón entre madre e hija.

El pensamiento siempre es el que introduce la duda. Aquella duda necesaria frente a la idea de que, por el hecho de pertenecer al mismo género, ya se puede conocer a todas.

Los grandes cambios precisan tiempo y etapas. Las mujeres han cubierto poco a poco algunas de ellas. De forma organizada y grupal, se ha tomado conciencia de la situación, lo que indica que se ha iniciado un diálogo no sólo personal, sino también con el entorno. Se ha introducido la duda constructiva.

Asumir la realidad ha conducido a poner en marcha mecanismos propios de estas situaciones que conocemos como «reivindicación» o «rebelión». Casi siempre la primera fase, la reivindicación, apunta a los factores externos como responsables del problema, que son los más visibles. Un buen análisis de esta fase conduce a la inmediata y última, que conocemos como «revolución». En ella se ha podido diferenciar lo externo de lo interno y, al hacerlo, se han repartido las responsabilidades. En el momento en que se ha asumido el espacio que a cada cual corresponde, se inicia la revolución personal.

Es una revolución interna que se mantiene a lo largo de la vida, en cuyo proceso es imprescindible mantener un buen diálogo con la realidad de cada una y con el entorno general, entender el porqué de aquello que dice o cree la mayoría y respetarlo. Pero es importante confiar lo suficiente en el conocimiento que emana del interior de cada una, aunque esté en contra de lo que indica la cultura reductora. Este tipo de pensamiento y de conducta es el que se aventura a abrir nuevos caminos, a crear nuevos modelos y, decididamente, a planificar el viaje. Es evidente que este viaje-aventura conlleva riesgos. Los nuevos caminos no proporcionan la red protectora que ofrecía la antigua cultura reductora; ahora el único amortiguador del salto está dentro de nosotras.

Aventura y riesgo están presentes en todo proceso creador en el que la agresividad y la dependencia se subliman. En toda propuesta creadora hay implícita cierta agresividad, la positiva, necesaria para introducir algo nuevo, lo que todavía no tiene lugar.

Han transcurrido casi cien años desde que Freud, desconcertado, preguntaba: «Pero ¿qué quiere la mujer?». Las mujeres actuales sabemos que seguimos queriendo muchas de las cosas que querían nuestras madres, pero necesitamos y queremos muchas otras más.

Posiblemente también las querrían aquellas lunas del pasado, aunque a causa de la conducta reductora no supieran bien de qué se trataba. Posibles necesidades no reconocidas por buena parte de ellas que se manifestaban en insatisfacción.

La insatisfacción femenina desconcertaba a Freud. Las lunas actuales hemos entendido que sólo desde la autonomía personal se puede alcanzar, en cada caso, una porción de satisfacción. Autonomía que se alimenta y nutre del capital afectivo verbal y no verbal que la madre logró transmitir y la hija pudo recoger. No hay duda de que hoy las lunas llenas pueden enviar, desde distintos grados de maduración, mensajes más disculpabilizantes y estimulantes a las lunas incipientes. Es un hecho que las mujeres actuales diseñan los lugares que desean ocupar y que muchas lunas madre difieren de las de antaño, en las que la frustración sin nombre era inquilina de aquella habitación que no tenía ventanas.

Tal vez estas estrofas del poema de Amado Nervo «En paz» expresarían algunos de aquellos deseos que tanto interesaron a Sigmund Freud:

> [...] Porque veo al final de mi rudo camino
> que yo fui el[/la] arquitecto[/a] de mi propio destino.
>
> [...] ¡Amé, fui amado[/a], el sol acarició mi faz!
> ¡Vida, nada me debes!
> ¡Vida, estamos en paz!¹

1. Amado Nervo nació en Tepic (México) en 1870 y falleció en Montevideo (Uruguay) en 1919. La cita ha sido extraída de Nervo, Amado, *Obras completas*, tomo II, México, Aguilar, 1991.

Bibliografía

Barnett, M., «"I can't versus he won't": Further considerations of the psychical consequences of the anatomic and physichal consequences of the anatomic and physiological differences between the sexes», *Journal of the American Psychoanalytic Association*, n° 16, 1968, págs. 588-600.

Beauvoir, S. De, *El Segundo Sexo*, Buenos Aires, Siglo XX, 1972.

Benedek, T., «An investigation of sexual cycle in women: methodologic considerations», *Arch. Gen. Psychiat.*, n° 8, 1963, págs. 311-322.

—, «Motherhood and Nurturing», en E. Anthony y T. Benedek (comps.), *Parenthood: Its Psychology and Psycopathology*, Boston, Little Brown, 1970, págs. 153-166 (trad. cast.: *Parentalidad*, Buenos Aires, Amorrortu, 1982).

Benjamin, J., *Lazos de amor*, Buenos Aires, Paidós, 1996.

Bergmann, A., «On the Development of Female Identity: Issues of the Mother-Daughter Interaction During the Separation-Individuation Process», *Psycoanalitic Inquiry*, vol. 7, n° 3, 1987, págs. 381-396.

Blum, H., «Masochism, the Ego Ideal, and the Psychology of Women», en Harold Blum (comp.), *Female Psychology*, Nueva York, International Universities Press, 1977.

Bonaparte, M., *La sexualidad de la mujer*, Barcelona, Península, 1974.

Bowlby, J., *El vínculo afectivo*, Barcelona, Paidós, 1976.

—, *La separación afectiva*, Barcelona, Paidós, 1976.

Caplan, P., «The Myth of Woman's Masochism», *The American Psycologist*, n° 39, 1984, págs. 130-39.

Chasseguet-Smirguel, J. (1964), *La sexualidad femenina,* Barcelona, Laia, 1985.

Deutsch, H., *Psicología de la Mujer*, Buenos Aires, Losada, 1947.

Freud, S., «Tres ensayos sobre una teoría sexual» (1905), en Freud, S., *Obras completas*, Barcelona, Orbis, 1988.

—, «Más allá del principio del placer» (1920), en *op. cit.*

—, «El problema económico del masoquismo» (1924), en *op. cit.*

—, «Sexualidad femenina» (1931), en *op. cit.*

—, «La feminidad» (1933), en *op. cit.*

Frodi, A., Macaulay, J. y Ropert, P., «Are Women Always Less Aggressive Than Men? A Review of the Experimental Literature», *Psycological Bulletin*, Wisconsin, University of Wisconsin, 1977.

Galenson, E., y Roiphe, H., «Some suggested revision concerning early female development», *Journal Amer Psychoanal. Assoc*, n° 25, 1976, pág. 29.

Gallop, J., *The Daughter's Seduction. Feminism and Psychoanalysis*, Ithaca, N.Y., Cornell University Press, 1982.

Grunberger, B., «El Narcisismo», en Chasseguet-Smirgel, *La sexualidad femenina*, Barcelona, Laia, 1985.

Horney, K., «The Denial of the Vagina», en *Femenine Psychology*, Nueva York, Norton, 1967.

—, «The problem of femenine masoquism», en *op. cit.*

Igert, B., «Corps Sexué Adolescence et Maternité», *Rev. Franç. Psycoanal.*, n° 6, 1987.

Kestenberg, E., «Notule sur la crise de l'adolescence, de la décepcion à la conquête», *Rev. franç. de Psychoanalyse*, n°ˢ 4-3, 1980, págs. 523-530.

Kleeman, J. A. (1976), «El Punto de Vista de Freud sobre la Sexualidad Femenina Temprana a la Luz de la Observación directa de

Niños», en Harold P. Blum (comp.), *Diez años de psicoanálisis en los Estados Unidos (1973-1982)*, Madrid, Alianza, 1983.

Klein, M. (1957), *Envidia y gratitud*, Barcelona, Paidós, 1988.

Klein, M. y Riviere, J., *Amor, odio y reparación*, Barcelona, Paidós, 1982.

Laufer, M., «Formation et configuration du complexe d'OEdipe: observations cliniques et hypothèses», *Psychiatrie de l'Enfant*, vol. XXVII, n° 1, 1984.

Mahler, M., *Estudio 2: separación-individuación*, Buenos Aires, Paidós, 1990.

Meltzer, D., *Estados Sexuales de la Mente*, Buenos Aires, Kargieman, 1974.

Montgrain, N., «On the Vissicitudes of Female Sexuality: The Difficult Path from "Anatomical destiny to Psychic representation"», *International Journal of Psychoanalysis*, n° 64, 1983, págs. 169-186.

Moore, B., «Psychoanalitic reflections on the implications of recent physiological studies of female orgasm», *Journal Amer. Psycho. Assn.*, n° 16, 1968, págs. 569-587.

Rophie, H. y Galenson, E., *Infantile Origins of sexual Identity*, Nueva York, International University Press, 1981.

Ros i Plana, M., *Del monólogo al diálogo. Hombres y Mujeres*, Barcelona, Ediciones del Bronce, 1996.

Sacher-Masoch, W. Von (1906), *Confessions de ma vie*, Tchou, 1967.

Schafer, R., «Problems in Freud's psychology of women», *Journal Amer. Psycho. Assn.*, n° 22, 1974, págs. 459-485.

Smirnoff, V. N., «The Masochistic Contract», *International Journal of Psychoanalisis*, n° 50, 1969, págs. 665-671.

Stoller, R. J., *Sex and Gender*, Nueva York, Science House, 1968.

—, «Sexualidad humana normal y trastornos psicosexuales», en Kaplan y Sadock, *Tratado de psiquiatría*, 2ª ed., Barcelona, Salvat, 1989.

—, *Pain and Passion*, Nueva York, Plenum, 1991 (trad. cast.: *Do-*

lor y pasión: un psicoanalista explora el mundo sadomasoquis-ta, Buenos Aires, Manantial, 1998).

Torok, M., «La significación de "la envidia del pene" en la mujer», en Chasseguet-Smirgel, J., *La sexualidad femenina*, Barcelona, Laia, 1985.

Winnicott, D. W. (1951), *Los procesos de maduración y el ambiente facilitador*, Buenos Aires, Paidós, 1999.